Anja Schmidtdorf

W0403216

DON
BOSCO

In Freundschaft und Liebe meinen Eltern,
Helmut, Jakob, Sylvia, Brigitta und Inge gewidmet.
Es ist schön, dass es euch gibt.

Gabriele Kubitschek

Das Anti-Stress-Buch für Erzieherinnen

Übungen und Tipps für mehr Kraft und Zufriedenheit

DON BOSCO

Gerne nehmen wir Ihre Anregungen, Wünsche, Kritik oder Fragen entgegen:
Don Bosco Medien GmbH, Sieboldstraße 11, 81669 München
anregungen@donbosco-medien.de
Servicetelefon: (089) 4 80 08-341

Alle Übungen und Ratschläge in diesem Buch sind von der Autorin nach bestem Wissen und Gewissen erarbeitet und sorgfältig erwogen und geprüft worden. Beim Einsatz der vorgeschlagenen Übungen handelt jeder Leser/jede Leserin eigenverantwortlich. Autorin und Verlag übernehmen keine Garantie oder Haftung für Schäden, die sich möglicherweise durch die Anwendung der dargestellten Ideen ergeben.
Zugunsten der besseren Lesbarkeit des Textes werden in diesem Buch die weiblichen Formen für alle Mitarbeiter und Mitarbeiterinnen in Kitas verwendet, selbstverständlich sind aber die männlichen Kollegen mit angesprochen.

Bibliografische Information der Deutschen Nationalbibliothek

Die Deutsche Nationalbibliothek verzeichnet diese Publikation in der Deutschen Nationalbibliografie; detaillierte bibliografische Daten sind im Internet über http://dnb.d-nb.de abrufbar.

2. Auflage 2013 / ISBN 978-3-7698-1916-8
© 2012 Don Bosco Medien GmbH, München
www.donbosco-medien.de
Umschlag, Layout und Illustrationen Innenteil: ReclameBüro, München
Umschlagillustration: Mele Brink, Aachen
Satz: Don Bosco Kommunikation, München
Druck: Don Bosco Druck & Design, Ensdorf

Gedruckt auf umweltfreundlichem Papier

Inhalt

Vorwort

Bis vor einigen Jahren spielte das Thema Stress in meinem Leben eine eher nebensächliche Rolle. „Gestresst“ zu sein, verband ich mit dem positiven Gefühl, aktiv und erfolgreich zu sein. Dann kam der Morgen, an dem dieses Konzept wie ein Kartenhaus in sich zusammenstürzte. Völlig unerwartet und von einem Moment zum anderen verwandelte ich mich, ausgelöst durch einen kleinen dunklen Stofffussel neben meinem Computer. in ein großes „heulendes Elend“. Gleichzeitig schien mein Körper wie erstarrt zu sein. Die Ursache für diesen plötzlichen Sturz ins Bodenlose lag aber in den Belastungen, die sich in den Jahren zuvor angesammelt hatten. Zu diesem Zeitpunkt lagen die ersten Jahre meiner Freiberuflichkeit hinter mir und ebenso einige schwierige Erfahrungen in meinem Privatleben. Freie Zeiten gab es nur sehr selten. Ohne es zu bemerken, war ich tief in eine chronische Stressspirale gerutscht. Ich füllte mein Leben mit immer mehr Arbeit und wichtigen Verpflichtungen aus, anstatt mir regelmäßige Pausen oder gar ein freies Wochenende zu gönnen. Alle gut gemeinten Ratschläge oder Warnungen aus meinem persönlichen Umfeld lehnte ich genervt ab und war mir sicher, dass ich alles gut im Griff hatte. Doch mein Körper begann immer mehr zu rebellieren. Verspannungen, Kopfschmerzen, Übelkeit und wachsende Schlafstörungen waren die Folge der Überlastung.

Dennoch funktionierte er lange relativ gut weiter – bis eben zu jenem einschneidenden Morgen. So sehr mich die Erfahrung damals auch erschreckte, heute weiß ich, dass sie nicht nur die letzte Warnung vor dem Burnout war, sondern vor allem auch mein größter Schutz vor dem vollständigen Zusammenbruch; ein Glücksfall – und ein Wendepunkt in meinem Leben. Motiviert durch meine persönlichen Erfahrungen möchte ich Ihnen, liebe Leserinnen und liebe Leser, in diesem Buch vielfältige und praxiserprobte Wege aufzeigen, wie Sie trotz hoher beruflicher Belastung leichter durch das Labyrinth von Dauerstress und Selbstüberforderung finden können, um lange gesund und leistungsfähig zu bleiben.

Dieses Buch ist speziell für Menschen geschrieben worden, die in Kindertageseinrichtungen arbeiten oder in sozialen oder therapeutischen Berufen tätig sind. Jede/r, der professionell mit Kindern arbeitet, weiß, dass ein Arbeitstag z.B. im Kindergarten bisweilen ziemlich hektisch werden kann. Die beruflichen Anforderungen der institutionellen Kindertagesbetreuung sind im Wandel und immer mehr Aufgaben werden an Sie als PädagogInnen herangetragen. Die Zeit, um anfallende administrative Aufgaben in Ruhe zu erledigen, sich uneingeschränkt den Kindern zu widmen oder bei einer Tasse Kaffee oder Tee eine kurze Pause zu machen, fehlt häufig. Doch sind regelmäßige „Auszeiten" unverzichtbar, um im Vielerlei von Kinderbetreuung, Elternarbeit und Verwaltungsaufgaben Nervenstärke zu bewahren zu. Pausen sind nicht nur eine unschätzbare Hilfe, um auf Dauer gesund zu bleiben, sondern bewahren uns auch davor, die Freude an der eigenen Arbeit und an den Kindern zu verlieren.

In diesem Buch geht es zunächst um die berufliche Situation von Erzieherinnen mit ihren vielfältigen Anforderungen und die gesundheitlichen Folgen von Stress. Stress hat viel mit individuellen Verhaltensmustern zu tun, doch jeder kann seine persönlichen Ressourcen stärken und mit Stress umgehen lernen. Vorgestellt werden entspannende Grundhaltungen und Tipps für den Arbeitsalltag, die schon im Vorfeld helfen können Stress zu reduzieren. Mit Körperübungen für alle Sinne, vielseitigen Entspannungstipps, Anregungen aus der Natur und den Gute-Laune-Rezepten gelingt es, die verbrauchten Kräfte wieder zu regenerieren. Gezeigt wird auch, wie Sie im Team und mit den Eltern entspannter zusammenarbeiten und in welcher Weise spielerische Entspannungsübungen auch Ihre pädagogische Arbeit mit den Kindern bereichern können.

Ich würde mich sehr freuen, wenn dieses Buch mit dazu beiträgt, dass Sie, liebe Leserinnen und liebe Leser, ihr tägliches Arbeitspensum mit mehr innerer Gelassenheit bewältigen und die Freude an diesem Beruf langfristig erhalten bleibt!

Gabriele Irmingard Kubitschek

Im Hamsterrad von Druck und Zeitnot

Berufliche Belastungen von Erzieherinnen in Kitas

Im Dauerstress zu sein, gehört für viele pädagogische MitarbeiterInnen in Kindertageseinrichtungen mittlerweile zum Berufsalltag. Nach dem Projektbericht des Instituts für Gesundheit und Organisation (IGO), erstellt im Auftrag der Gewerkschaft Erziehung und Wissenschaft Baden-Württemberg, sind es vor allem „... der tägliche Lärm, die große Anzahl verschiedenster Arbeitsaufgaben, der Zeitdruck bei der Erfüllung dieser Aufgaben, die Größe der Kindergruppen, zunehmende Verhaltensauffälligkeiten bei Kindern, Personalmangel, fehlende Möglichkeiten zur Entspannung im Laufe eines Arbeitstages ...“, die viele Mitarbeiter und Mitarbeiterinnen in Kitas stark belasten (Rudow 2003/2004).

Doch nicht nur die beruflichen Anforderungen an die Berufsgruppe sind insgesamt gestiegen, sondern auch die Erwartungshaltung und die Zukunftsängste der Eltern. Verschärfend hinzu kommt die Forderung nach der Wirtschaftlichkeit der Einrichtungen, die jeder Träger in seiner Planung mit berücksichtigen muss.

Wachsendes Aufgabenprofil

Neue Bedarfslagen – Erhöhter Förderbedarf bei den Kindern

Jahr für Jahr steigt in Kindertageseinrichtungen die Zahl der Kinder mit schwierigem familiären Hintergrund. Auch die Anzahl der Kinder, die durch ihren Migrationshintergrund einen erhöhten Förderbedarf im Hinblick auf den Erwerb der deutschen Sprache haben, nimmt zu. Sie alle brauchen nicht nur spezielle Förderangebote, sondern auch mehr Zeit für individuelle Zuwendung und Aufmerksamkeit. Entsprechende Weiterbildungsmaßnahmen können Sie als Erzieherin darin unterstützen, auf die unterschiedlichen Bedarfslagen mit fachlicher Kompetenz adäquat zu antworten.

Zunehmende Verwaltungsaufgaben und personelle Engpässe

Neben den Aufgabenbereichen Erziehung, Bildung und Betreuung nehmen vor allem auch die Verwaltungsaufgaben in den Einrichtungen zu. Und auch wenn sich den MitarbeiterInnen der Sinn von so mancher Statistik nicht sofort erschließt – ausgefüllt muss sie werden. So wird die Zeit, die man eigentlich für die Kinder bräuchte, auch schon mal knapper, als man es möchte.

Hinzu kommt, dass in vielen Einrichtungen Personalnot herrscht und Engpässe an der Tagesordnung sind. Die Belastung steigt, wenn dann auch noch die Kollegin krank wird, die neue Praktikantin möglichst schnell eingearbeitet werden soll oder wenn Sie zusätzlich noch die Vorbereitung eines Elternabend bewältigen müssen. Dann stellt sich leicht das Gefühl ein, sich in einem Hamsterrad zu drehen.

Mangelnde Pausen

Oft ist es aus Platzgründen schwierig, sich am Arbeitsplatz auch nur für wenige Minuten zurückzuziehen, denn die wenigsten Einrichtungen verfügen über ein eigenes Mitarbeiterzimmer. Der Ort für kleine Pausen ist in der Kita daher meist nur mehr oder weniger ruhig, wie etwa im Garten, in einem ungenutzten Nebenraum, in der Küche oder gar auf der Toilette – dem manchmal einzigen ungestörten Platz in der Einrichtung. Doch, wenn direkt vor der Tür „das Leben tobt“, gleichzeitig ständig das Telefon klingelt und man außerdem genau weiß, dass die Kollegin gerade alleine mit der gesamten Kindergruppe ist, fällt es schwer, sich zu entspannen. Nicht selten wird dann die verdiente Pause aus Kollegialität und aus Verantwortungsgefühl doch wieder unterbrochen.

Mentale und emotionale Folgen

Die Folgen einer Dauerbelastung können sehr vielseitig sein, doch im Vergleich zu vielen anderen Berufen treten bei MitarbeiterInnen in Kindertageeinrichtungen überdurchschnittlich hohe psychische Belastungen auf. So weiß man aus dem Fehlzeiten Report 2009 des Wissenschaftlichen Instituts der Ortskrankenkassen, „dass die Zahl der so genannten Belastungsstörungen deutlich steigt. Dabei stehen schwerpunktmäßig nicht die körperlichen Belastungen im Vordergrund, sondern die mentalen und emotionalen Belastungen, die gerade in der Arbeit mit Kindern und Jugendlichen besonders hoch sind!“ (Badura u. a. 2010) Der Bericht zeigt außerdem auf, dass vor allem Leitungskräfte überdurchschnittlich hoch belastet zu sein scheinen.

Obwohl es also in sehr vielen Berufen ständige Mehrfachbelastungen, Existenzangst und drängende Zeitnot gibt, wirken sich diese Faktoren bei Menschen in sozialen Berufen deutlich stärker aus. Denn wer mit Kindern oder Jugendlichen arbeitet, ist immer ganz gefordert.

Stabilität und inneres Gleichgewicht als Basisziel

Um jedoch die berufliche Leistungsfähigkeit langfristig zu erhalten, ist es nötig zu lernen, gut mit sich selbst umzugehen. Das erfordert einerseits, in Kontakt zu seinen Gefühlen, Hoffnungen und Wünschen zu kommen, und andererseits, sich mit sportlichen Aktivitäten und Bewegung ein regelmäßiges Ausgleichsventil zu schaffen. Vermutlich gelangt jeder Mensch, der beruflich stark eingespannt ist, immer wieder einmal an Grenzen und steht dann vor der Frage, wie es weitergehen kann. Nur wenn wir lernen, regelmäßig die körperlichen, emotionalen oder mentalen Spannungen abzubauen und so unsere innere Balance zu stärken, werden sich Energiereserven wieder auffüllen lassen.

Stress ist eine natürliche Reaktion bei Belastungen

Seit Urzeiten hat der Mensch zwei grundsätzliche Möglichkeiten, auf Stresssituationen zu reagieren und so sein Überleben zu sichern: mit Flucht bzw. Rückzug nach innen, oder mit Kampf bzw. Aggression, die sich nach außen richtet. Um auf die oft schnell wechselnden Situationen im Leben antworten zu können, braucht der Mensch sogar ein gewisses Maß an Stress. Stress wird aber dann problematisch, wenn eine lang andauernde (chronische) Belastung vorliegt, in der Pausen fehlen, um sich wieder entsprechend zu entspannen. In dieser Situation geraten die in uns angelegten Ur-Reaktionen Flucht oder Aggression in Widerstreit. Die Folge kann dann eine Art innerer Erstarrung, ein Alarmzustand im Körper sein, der bei längerer Dauer schwerwiegende Folgen für die Gesundheit hat.

Noch Herausforderung oder schon Stress pur?

Unser Gehirn hat die fantastische Fähigkeit, aus den zahllosen Informationen, die Minute für Minute auf uns einstürmen, genau diejenigen herauszufiltern, die im gegenwärtigen Augenblick wichtig sind, um das Leben gut zu meistern. Die Arbeit in einer Kindertageseinrichtung oder in der Schule fordert dem Nervensystem zwar sehr viel ab, doch sind wir als MitarbeiterInnen der Situation dort keineswegs wehrlos ausgeliefert. Gerade die Tätigkeit in einer Kindertagesstätte bietet viele Möglichkeiten und Entscheidungsspielräume, um den Arbeitstag und die anstehenden Aufgaben selbstbestimmt anzugehen. Wichtig ist jedoch wahrzunehmen, ab wann eine Situation zu viel wird, und dann entsprechend darauf zu reagieren.

Welche Arten von Stress gibt es?

Nach den neuesten wissenschaftlichen Erkenntnissen ist die Grundeinteilung von Eustress (= positiver Stress) und Disstress (= negativer Stress) als Erklärungsmuster nicht mehr ausreichend, denn Stressgefühle scheinen grundsätzlich immer dieselben Reaktionen im Körper auszulösen. Viel wichtiger dagegen ist die Frage, wie der Einzelne auf auslösende Situationen, auf so genannte Stressoren, emotional reagiert. Ebenso große Bedeutung haben unsere eigenen Erwartungen uns selbst und dem Leben gegenüber.

Individuelle und generelle Stressoren

Bei den Faktoren, die Stress auslösen, den so genannten Stressoren, unterscheidet man zwei Grundarten, und zwar individuelle und generelle Stressoren. Beide Arten von Stressauslösern sind in der Praxis jedoch miteinander verwoben. Das spezielle Muster ist dann im Einzelfall dafür ausschlaggebend, was uns letztlich stresst und mit welcher inneren Grundhaltung, und mit welchem Selbstvertrauen wir die Herausforderungen angehen.

Individuelle Stressoren

Zu den individuellen Stressoren zählen Merkmale, die eng mit unserer Persönlichkeit verbunden sind, wie z. B.

- der eigene Perfektionismus,
- das eigene Wertesystem,
- die genetischen Dispositionen,
- die aktuelle Tagesform,

- die Vorerfahrungen, die der Einzelne im Leben gemacht hat und vor allem
- die inneren Denk- und Verhaltensmuster, die sich daraus entwickelt haben.

Generelle Stressoren

Als generelle Stressoren bezeichnet man äußere Faktoren, die durch die Kultur, in der wir leben, entstehen und die sich aus unserer jeweiligen Arbeitssituation ergeben, wie etwa

- die spezielle berufliche Situation in einer Kita, vor allem auch in Kombination mit den wachsenden beruflichen Anforderungen,
- die Sorge, den Arbeitsplatz zu verlieren oder den Ansprüchen nicht mehr gewachsen zu sein,
- geschlechtsspezifische Rollenerwartungen (Frau/Mann),
- familiäre Probleme und schwierige Lebenssituationen (Trennung, Krankheit, allein erziehend sein u. Ä.).

All diese unterschiedlichen, Stress auslösenden Faktoren können die Gefahr der chronischen Überlastung oder eines Burnouts erhöhen. Der Schlüssel zur eigenen Gesundheit ist

Wer sagt denn,
dass wir verzweifelt dem Erfolg nachjagen
und dass wir uns in hoffnungslose
Betriebsamkeit stürzen müssen?
Findet sich einer, der mit seinen Gefährten
nicht im Gleichschritt geht,
so hört er vielleicht den Klang
eines anderen Trommlers.
Lasst ihn doch dem Takt
jener anderen Musik folgen,
die an sein Ohr dringt,
mag sie auch noch so langsam
oder von fern her erklingen.

Henry D. Thoreau

das Wissen, wie eng das Zusammenspiel von persönlichem Stressempfinden und unterschiedlichen Stressauslösern ist, und Kenntnisse darüber, wie man sich präventiv vor Überforderung schützen kann.

Körperliche und psychische Folgen von Stress

Durch Überlastung und Druck werden Stresshormone ausgeschüttet. Dabei wird die Atmung flacher, das Herz schlägt schneller und die Hände fühlen sich verschwitzt an. Neben einem flauen Gefühl im Magen oder Übelkeit stellen sich außerdem die Augen auf Weitsicht um. Der Körper ist jetzt ganz auf Aktion eingestellt! Wenn anschließend keine ausreichende Ruhephase eingehalten wird, bleibt der Mensch im Dauerstresszustand.

Die ersten Anzeichen von Überforderung werden von den Betroffenen meist nicht als typische Überanstrengungssymptome gedeutet. Selbst wenn ein gewisser Zusammenhang zwischen dem Auftreten von Spannungskopfschmerzen und beispielsweise dem vorangegangenen schwierigen Gespräch mit einer Kollegin vermutet wird, neigen viele dazu, erst einmal eine Tablette zu nehmen, anstatt in sich hineinzuhören und der eigentlichen Ursache auf den Grund zu gehen.

Mögliche Erstfolgen von zu viel Stress sind u. A.

- wiederkehrende Kopfschmerzen (keine Migräne!),
- leichte Ermüdbarkeit,
- wachsende Nervosität,
- innere Unruhe und Konzentrationsschwäche,
- Rücken- und Nackenbeschwerden,
- Schlafstörungen,
- erhöhte Reizbarkeit,
- Verdauungsstörungen,
- Herzrasen oder
- das generelle Gefühl, sich in bestimmten Situationen immer unwohler zu fühlen.

Auswirkungen von Dauerstress auf die Gesundheit

Die Tatsache, dass in unserer Gesellschaft Leistungsträger hoch angesehen sind, unterstützt die Tendenz, freiwillig immer mehr Verantwortung und damit auch mehr Aufgaben zu übernehmen. Gerade die Menschen, die in sozialen Berufen arbeiten oder sich ehrenamtlich sozial stark engagieren, neigen offenbar dazu, sich immer wieder zuviel zuzumuten, was leicht in eine chronische Überlastung münden kann.

Chronische Erschöpfung

Um alle Verantwortlichkeiten und Aufgaben auch unter Zeitdruck immer wieder voll zu erfüllen, überschreiten viele Menschen ihre Grenzen. Wer dann nicht rechtzeitig beginnt, die stressauslösende Situation und seine innere Einstellung zu verändern, wird ab einem bestimmten Punkt immer mehr von den eigenen Energiereserven

zehren müssen. Doch ähnlich wie bei einem Sparbuch sind diese Ressourcen letztlich begrenzt, irgendwann sind die Kräfte vollends aufgebraucht.

Zu den ersten Warnzeichen einer chronischen Erschöpfung zählt anhaltende Müdigkeit und Energiemangel. Egal, wie lange man auch geschlafen hat, man fühlt sich völlig ausgelaugt. Hinzu kommen oft Schlafstörungen, Kopfschmerzen, Nacken- und Muskelschmerzen, Konzentrationsschwäche, Vergesslichkeit oder Reizbarkeit. Das Problem ist, dass sich eine beginnende chronische Erschöpfung von Mensch zu Mensch sehr unterschiedlich äußern kann und Betroffene daher häufig dazu neigen, die Anzeichen zu ignorieren oder zu verharmlosen.

Burnout

„Nur wer für etwas brennt, der kann dabei ausbrennen." Diese Aussage von Herbert Freudenberger (1981), der sich als erster wissenschaftlich mit dem Burnout-Syndrom befasste, verdeutlicht, dass es oft gerade diejenigen Menschen sind, die sich besonders für eine Sache engagieren, die dann plötzlich an ihre eigenen Grenzen geraten, obwohl ein Burnout, der Erschöpfungszustand mit dem bodenlosen Gefühl, „ausgebrannt" zu sein, nicht von heute auf morgen entsteht. Meist ist es ein bisweilen jahrelanger, schleichender Prozess, bei dem die Warnungen des Körpers immer wieder ignoriert wurden. „Ausgebrannt zu sein", ist ein komplexes Syndrom und die Folge aus einem vielschichtigen Muster von inneren und äußeren Faktoren, verbunden mit einem Mangel an ausreichenden Regenerationszeiten. Unter einem Burnout, einer individuellen Kombination von aktuellem Stressgefühl und chronischer Überlastung, versteht man keine Krankheit im üblichen Sinn und man spricht von einem Burnout auch erst dann, wenn die totale Erschöpfung mehr als sechs Monate anhält. Folgende Symptome und Warnzeichen (vgl. Lück-Knobloch 2011) sind u. A. typisch für das Burnout-Syndrom und können in verschiedenen Kombinationen und Ausprägungen auftreten:

> Die Angst klopft an die Tür.
> Das Vertrauen öffnet.
> Niemand steht draußen.
>
> *Aus China*

Physische Anzeichen

- zunehmende chronische Müdigkeit, ständiger Energiemangel und starke Schwächegefühle
- Einschlaf- oder Durchschlafstörungen
- geschwächtes Immunsystem
- Beeinträchtigung von Libido und Sexualität
- wiederkehrende Kopfschmerzen (die keine Migräne sind)
- Magen- und Darmbeschwerden, Übelkeitsgefühle
- Herz-Kreislauf Beschwerden

Psychische Anzeichen

- wachsende Niedergeschlagenheit
- Hoffnungslosigkeit
- allgemeine Überdrussgefühle dem Leben gegenüber

Kognitive Anzeichen

- Konzentrationsmangel und Vergesslichkeit
- zunehmende allgemeine negative Einstellungen (auch den Kindern gegenüber)

Sozialdynamische Anzeichen

- fortschreitender sozialer Rückzug von Freunden und von der Familie
- Isolationsgefühle
- Verlust der Motivation für die zuvor so geliebte Arbeit
- abnehmendes Einfühlungsvermögen für andere

Der Weg von der chronischen Überlastung bis hin zum Burnout kann ganz unterschiedlich lang sein. Betroffene fühlen zwar die wachsende Erschöpfung, doch nehmen sie die Anzeichen meist zu lange nicht wirklich ernst – bis zu dem Augenblick, an dem die Kraft plötzlich absolut aufgebraucht ist und man überrascht und ratlos quasi vor dem Nichts steht. Ist der Tiefpunkt der Erschöpfung und Hilflosigkeit erst einmal erreicht, wird auch mehr Schlaf oder ein kurzer Urlaub nicht mehr ausreichen, um das Energiedefizit wieder auszugleichen. Oft wurden im Vorfeld auch die sozialen Beziehungen vernachlässigt und man hat sich zu diesem Zeitpunkt bereits innerlich und äußerlich von wichtigen Bezugspersonen zurückgezogen. Sich jetzt noch einem Anderen anzuvertrauen und zu sagen „Ich kann einfach nicht mehr“ ist dann sehr schwierig.

> Life is what happens to you while you're busy making other plans.
>
> *John Lennon*

Doch was macht es den Betroffenen so schwer, rechtzeitig geeignete Gegenmaßnahmen zu ergreifen? Zum einen gleiten viele relativ langsam in diesen kräftezehrenden Kreislauf hinein und gewöhnen sich zunächst daran, immer mehr und noch mehr zu arbeiten. Zum anderen reagieren die meisten Betroffenen auf die ersten Anzeichen oft mit noch mehr Anstrengung und inneren „Durchhalteparolen" statt mit Loslassen, so verstärken sie die beginnende Erschöpfungsspirale. Hinzu kommt, dass Betroffene grundsätzlich stets viel von sich selbst erwarten und dabei perfekt sein wollen. Die eigene Angst, als schwächlich zu gelten, wenn sie etwas ablehnen oder Aufgaben nicht bewältigen, wird von ihnen schnell als fachliches oder persönliches Versagen gewertet, durch das sie „ihr Gesicht verlieren" könnten.

Mit Stress umgehen lernen

Persönliche Erwartungshaltung und tatsächliche Belastung

Unsere eigenen Gedanken, Gefühle und Erwartungen sind mit ausschlaggebend dafür, wie wir das Leben und seine Anforderungen interpretieren und wie wir diesen Anforderungen begegnen. Das Konzept der Erwartungskreisläufe (vgl. Hüther 2004) kann eine Erklärung dafür sein, warum wir letztlich bei Herausforderungen immer wieder ganz ähnliche Erfahrungen machen. Die Grundlage für die unterschiedlichen Reaktionsweisen wird bereits in unserer Kindheit als innere Einstellung dem Leben und uns selbst gegenüber angelegt.

Negativer Erwartungskreislauf

Wenn wir denken, dass wir dem Leben hilflos ausgeliefert sind, wird uns allein diese Erwartung schon in Stress versetzen. Menschen, die davon ausgehen, eine bestimmte Anforderung nicht zu bewältigen, scheitern eher und beginnen aus dieser Angst heraus, diese oder eine ähnliche Situation in der Zukunft möglichst zu vermeiden. Durch das Vermeidungsverhalten steigen jedoch auch die Selbstzweifel, der Aufgabe gewachsen zu sein, und der negative Erwartungskreislauf verstärkt sich.

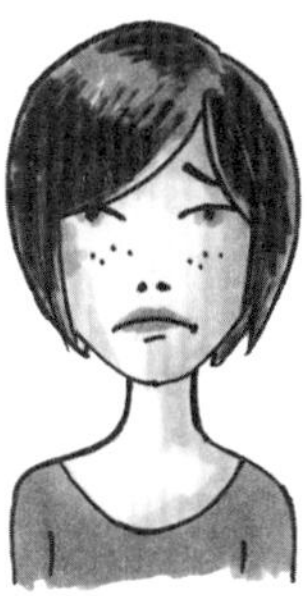

Das Fatale ist, dass gerade die eigene Erwartungshaltung verantwortlich dafür ist, dass die Wahrscheinlichkeit für eine weitere frustrierende Wiederholung dieser Erfahrung in der Zukunft steigt. Erst wenn man irgendwann einmal im Leben lernt, dieses Muster bewusst wahrzunehmen, wird sich der Kreislauf langsam durchbrechen und auflösen lassen.

Positiver Erwartungskreislauf

Haben wir eine überwiegend positive Erwartungshaltung uns selbst und dem Leben gegenüber, dann steigen damit ganz unwillkürlich unsere Neugier und die Freude, uns neuen Herausforderungen zu stellen. Gehen wir also davon aus, dass wir selbstbestimmt etwas in der Welt bewegen und verändern können und schwierige Situationen bewältigen werden, handeln und fühlen wir insgesamt entspannter.

Sollte dann dennoch einmal etwas nicht so gut ablaufen wie gewünscht, bleibt die innere Überzeugung, dass es das nächste Mal schon wieder gelingen wird. So wird jede Herausforderung selbst zum Motivator, der die eigene positive Erwartungshaltung und das eigene Selbstvertrauen stärkt.

> Auf die Dauer der Zeit nimmt die Seele die Farbe der Gedanken an.
> *Marcus Aurelius*

Stressfördernde individuelle Verhaltensmuster

Die meisten pädagogischen Mitarbeiterinnen, die in Kindertageseinrichtungen beschäftigt sind, schätzen an ihrem Beruf die Vielfältigkeit der Aufgaben, das Gefühl, etwas wirklich Sinnvolles zu tun, und die Möglichkeit, weitgehend selbstbestimmt zu arbeiten. Doch sind es genau die gleichen Faktoren, die die Arbeit einerseits interessant machen und auf der anderen Seite die Tendenz verstärken können, über die eigenen Grenzen hinwegzugehen und sich zu überfordern.

Unsere Persönlichkeit hat viel damit zu tun, wie wir unseren beruflichen Alltag gestalten, was wir von uns selbst erwarten und wie wir mit schwierigen Situationen umgehen. Es lohnt sich deshalb, genauer hinzusehen, ob und mit welchen inneren Einstellungen und Erwartungshaltungen wir uns möglicherweise selbst schwächen.

Perfektionismus und übertriebenes Pflichtgefühl

Wie oft wollen wir es allen recht machen und in allen Aufgabenbereichen immer gleich gut sein! Unerbittlich gegen uns selbst rennen und hasten wir durch die Tage, die unser Leben sind. Wir geben stets unser Bestes und erst dann, wenn unsere Kräfte zu erlahmen drohen, erkennen wir (vielleicht), dass wir nur einem unerfüllbaren Idealbild von uns selbst nachgelaufen sind – der unrealistischen Forderung: „Sei immer perfekt"!

Dieser Perfektionsanspruch, egal ob im Beruf, in der Beziehung oder als Elternteil in der Familie, fordert permanente Höchstleistungen von uns und erlaubt nicht den allerkleinsten Fehler! Oft sind wir uns dieses Anspruchs an uns selbst gar nicht bewusst oder wir betrachten ihn sogar als ein positives Merkmal unserer Persönlichkeit. Doch birgt dieser Anspruch die Gefahr, dass wir uns auf Dauer überanstrengen und unsere „Akkus" dabei vollkommen leeren. Für diesen inneren Antreiber, dem „Nörgler" in uns, wird es nur schwer ein „Genug" geben, ganz egal, wie sehr wir uns auch dafür anstrengen. Um aus dieser selbst gestalteten Überforderung auszusteigen und den Anspruch in eine gesunde Bahn zu lenken, müssen wir uns klarmachen, was hinter dieser Haltung stehen könnte und was wir mit unserem Perfektionismus eigentlich erreichen wollen.

> Nicht zu wissen, wann es genug ist,
> löst große Schwierigkeiten aus.
> Zu viel zu wollen, löst große Konflikte aus.
> Wenn wir wissen, wann es genug ist,
> wird es immer genug geben.
>
> *Laotse*

Helfersyndrom

Viele Menschen in sozialen Berufen neigen dazu, sich stets für andere einsetzen zu wollen. Oft fühlen sie sich dabei für andere verantwortlicher als für sich selbst. Diese Haltung mag etwas mit dem eigenen Weltbild, mit der jeweiligen Geschwisterposition oder mit dem eigenen Selbstbild zu tun haben. Doch was auch immer der Auslöser dafür ist – machen Sie sich frei von dem Gedanken, dass Sie selbst stets zuletzt kommen sollten und der andere immer zuerst! Bei allem ein gutes Mittelmaß einzuhalten, ist für beide Seiten auf Dauer gesünder.

Nicht neinsagen können

Grenzen zu setzen, ist nicht immer leicht, doch niemand kann es allen stets recht machen! Oft hindert uns die eigene Angst vor Konflikten oder Ablehnung daran, nein zu sagen, und wir versuchen einer unangenehmen Situation eher auszuweichen. Wer beispielsweise vermeidet, ein Problem direkt im Kollegium anzusprechen und es stattdessen lieber alleine zu lösen versucht, bürdet sich schnell zu viel Arbeit und Verantwortung auf und fühlt sich dann oftmals auch noch ausgenutzt. Deshalb ist es wichtig, rechtzeitig ein klares „Nein!" zu formulieren, will man sich vor ungerechtfertigten Forderungen anderer schützen.

Falscher Ehrgeiz und Rivalität

Wahrer Teamgeist zeigt sich auch darin, ob und wie die einzelnen MitarbeiterInnen ihre speziellen Fähigkeiten und Kenntnisse partnerschaftlich in die Kita einbringen können. Falscher Ehrgeiz und Rivalitätsgefühle stressen das gesamte Team und färben das Arbeitsklima negativ ebenso wie auch die Außenwirkung der Einrichtung insgesamt. Das Gefühl, nur dann anerkannt zu sein, wenn man ständig Leistung bringt, hängt manchmal auch mit der Befürchtung zusammen, vielleicht doch nicht so gut zu sein, wie man es gerne sein möchte. Doch aller Anstrengung zum Trotz wird jeder Erfolg so immer nur von kurzer Dauer sein. Im nächsten Moment hetzt man wieder weiter auf der Suche nach Bestätigung. Doch nur wenn sich alle im Team, so wie sie sind, wertgeschätzt und akzeptiert fühlen, wird eine befriedigende Zusammenarbeit möglich und werden gesetzte Ziele gemeinsam zu erreichen sein.

Blockaden durch überholte Rollenbilder

„Frauen sind stets geduldig und verständnisvoll“, „Ein echter Mann zeigt keinen Schmerz und sagt, wo es langgeht.“ „Ein richtiges Mädchen spielt gerne mit Puppen, Jungen interessieren sich nur für Autos.“ Oft beeinflussen uns überholte, unreflektierte Rollenbilder und die zugrunde liegenden Erwartungen wirken sich auf unser Handeln aus.

Was ist weiblich, was männlich? Was gehört zu mir als die Person, die ich bin? Feste Rollenbilder und die damit verbundenen Erwartungen schränken uns in unserer freien Entscheidung darüber ein, was wir für ein erfülltes und glückliches Leben anstreben und brauchen. Diese meist unbewusst ablaufenden inneren Vorstellungsbilder sind als Muster schon früh in der Kindheit angelegt worden. Doch ist es nie zu spät, sich diese Mechanismen bewusst zu machen und sie aufzuweichen, die eigene Verantwortung zu ergreifen und Schritt für Schritt neue Wege zu beschreiten.

Welcher Entspannungstyp sind Sie?

Entspannen hat sehr viel mit sich wohl fühlen, mit Lebensfreude und mit loslassen können zu tun. Im Laufe unseres Lebens lernen wir zwar wahrzunehmen, was wir brauchen, um uns gut zu fühlen, doch oft schenken wir dem in der Alltagshektik wenig Beachtung. Als Kinder leben wir noch im ganz natürlichen Grundrhythmus von Aktion und Ruhe, als Erwachsener ist uns dieser Rhythmus nicht mehr so selbstverständlich.

Viele Wege führen zu Entspannung
Egal ob Sie in Ihrer Freizeit eher dazu neigen, auf der Couch „abzuhängen“, oder ob sie die friedliche Stille im Wald benötigen, um wieder aufzutanken, ob Sie lieber mit Freunden wandern gehen oder allein im Sportstudio schwitzend aktiv sind – stets geht es um dasselbe Ziel: mit Spaß und Freude die Auszeit zu genießen und ganz ohne Leistungsstreben einfach im gegenwärtigen Augenblick tätig zu sein!

Immer dann, wenn wir unter großer Anspannung stehen, sind es unsere „Lieblingssinneskanäle“ die uns spielerisch, so wie in unserer Kindheit auch, tragfähige Brücken zur eigenen Regeneration bauen können. Denn unsere Sinne unterstützen uns nicht nur darin, das Leben wahrzunehmen oder (als Kind) gut zu lernen, sondern auch darin, effektiv zu entspannen! Gerade dann, wenn wir uns absolut leer und kraftlos fühlen, zeigt sich oft spontan, was wir wirklich brauchen und welche Sinne uns helfen könnten, neue Kraft zu schöpfen. Ob wir dabei äußerlich aktiv oder passiv erscheinen, spielt keine Rolle. Wer beispielsweise meditiert, mag nach außen hin in sich gekehrt und passiv wirken, und doch ist er dabei absolut aktiv in seiner Wahrnehmung. Umgekehrt ist jemand, der ausdauernd im Park joggt, anschließend nicht automatisch wieder voller Lebensfreude und frischer Kraft. Wichtig ist also, dass Sie vor allem Ihren eigenen Entspannungsweg finden, unabhängig davon, was gerade die gängige oder gesellschaftlich anerkannte Entspannungsmethode ist.

Stärken Sie Ihre persönlichen Ressourcen

Mit fünf Schritten aus der Stressfalle

Im Vorangegangenen wurde gezeigt, dass der Umgang mit hohen beruflichen Anforderungen und das jeweilige Stressempfinden eng mit der Persönlichkeitsstruktur verknüpft sind. Die Grundvoraussetzung, um mit belastenden Situationen im Berufsalltag gut zurechtzukommen und Stresserscheinungen zu reduzieren, ist,

- einen achtsamen Umgang mit sich selbst zu pflegen,
- sich selbst mit allen Stärken und Schwächen wertzuschätzen
- sich bewusst zu machen, was Sie als Mensch, als Individuum brauchen und was Sie im Leben wirklich glücklich macht.

> Wie viele Male schaut der Wille durchs Fenster, ehe die Tat durchs Tor geht!
>
> *Erasmus von Rotterdam*

Langjährige persönliche Verhaltensmuster zu verändern, um mit Belastungen besser zurechtzukommen, ist nicht einfach, selbst wenn sie von den Betroffenen als problematisch erkannt wurden. Veränderungen herbeizuführen, braucht Zeit und Geduld mit sich selbst. Die Methode der „Fünf Schritte“, beruht auf der Erkenntnis, dass sich vieles erst dann verändern kann, wenn wir dazu bereit sind, unser eigenes Verhalten in Frage zu stellen und zu erkennen, welche Muster und Mechanismen ihm zugrunde liegen. Diese Reflexion und das Festhalten der Gedanken in einem persönlichen „Wohlfühltagebuch“ (siehe Seite 32), ist eine erprobte und bewährte Unterstützung, um Sie in diesem Prozess zu begleiten und nachhaltig eine Verbesserung Ihres Wohlbefindens zu erreichen.

Veränderung braucht Reflexion

Wenn man nach einem langen Arbeitstag in der Kita endlich wieder zuhause angekommen ist, sehnt man sich oft nach absoluter Ruhe und Nichtstun. Sich dann, vielleicht zwischen Hausaufgabenkontrolle, Abendessenkochen und der Lieblingsfernsehsendung, noch einmal Zeit für die Reflexion einer schwierigen Situation während des vergangenen Arbeitstages zu nehmen, mag schwer fallen. Doch wenn man auf Dauer einen befriedigenden Umgang mit den beruflichen Belastungen erreichen will, lohnt es sich. Sicherlich, Schwierigkeiten lassen sich nicht einfach wegzaubern, und das ist auch gut so, denn jede Krise bietet uns immer auch eine Chance – die Chance, neue Wege zu beschreiten und unser Leben künftig glücklicher, authentischer und damit auch gesünder zu leben. Das folgende Verhaltensbeispiel soll zeigen, wie wir einzelne Situationen bewusst betrachten, analysieren und schließlich zu Verhaltensänderungen kommen können.

Problemsituation: Morgendliche Zeitnot beim Frühstück
„Ich hab keine Zeit für ein richtiges Frühstück und bin deshalb schon morgens absolut genervt!“

1. Schritt: Bereitschaft, die alte Gewohnheit in Frage zu stellen
„Macht es für mich wirklich Sinn, erst im letzten Moment aufzustehen und nur mit einem Kaffee in den Tag zu starten?
- Ja, weil ...
- Nein, weil ...“

2. Schritt: Ehrlich zu sich selbst sein und zugrunde liegende Muster erkennen
„Warum mache ich es so?
- aus alter Gewohnheit heraus
- aus Angst vor ...
- weil ...

3. Schritt: Eigenverantwortung übernehmen
„Tut mir das wirklich gut?“
„Gibt es einen roten Faden dazu in meinem Leben?“

4. Schritt: Ziele und Verhaltensalternativen formulieren
„Ich stehe künftig eine halbe Stunde früher auf, weil ich mich wohler fühle, wenn ich Zeit habe, gemütlich zu frühstücken.“

5. Schritt: Mit sich selbst Geduld haben
Während der Umlernphase ist es wichtig, mögliche Unsicherheiten oder auch „Rückfälle“ in alte Gewohnheiten aushalten zu lernen, ohne sich da-

für zu beschuldigen. Besser ist es, das eigene Verhalten zu reflektieren und das definierte Ziel konsequent weiterzuverfolgen. Fragen Sie sich zu Beginn und auch zwischendurch immer wieder einmal:

- „Ist mein Ziel so umsetzbar?
- Was brauche ich dafür?
- Wie fühle ich mich jetzt dabei? Hat sich etwas verändert und wenn ja was?

Beobachten Sie dabei die Reaktionen Ihres Körpers und Ihre Gefühle.

Das Wohlfühltagebuch

Einzelne Problemfelder, die Reflexion belastender Situationen und das daraus entwickelte Fünf-Schritte-Programm zur Veränderung können Sie in Ihrem ganz persönlichen Wohlfühltagebuch festhalten. Das „Wohlfühltagebuch“ verhilft Ihnen zu einer verbesserten Eigenwahrnehmung, es unterstützt Sie bei der Suche nach Lösungen für schwierige Situationen und wird damit Ihr Wohlbefinden erhöhen.

Wenn Sie Ihre Gedanken und Überlegungen in diesem persönlichen Tagebuch zu Papier bringen, ist dies eine gute Möglichkeit, sich selbst besser kennen zu lernen und wertfrei und ohne Anschuldigungen in den Spiegel der eigenen Gefühle zu sehen. Diese Betrachtung ist vielleicht nicht immer angenehm, doch hilft sie Ihnen, Erfahrungen, Gefühle und körperliche Reaktionen wieder in ein Gleichgewicht zu bringen.

Für Ihre Tagebucheintragungen eignet sich jede Art von Notizbuch. Besorgen Sie sich ein Buch, das Ihnen äußerlich gut gefällt, damit Sie es gerne zur Hand nehmen, oder gestalten Sie den Einband bzw. Umschlag selbst ansprechend, das steigert Ihre Motivation, mit dem Buch zu arbeiten und ist außerdem ein Zeichen der Wertschätzung Ihnen selbst gegenüber.

Zu Beginn

Bevor Sie mit den regelmäßigen Eintragungen in Ihr Tagebuch starten, empfiehlt es sich, einige grundsätzliche Fragen zur eigenen Person und zur beruflichen Laufbahn zu reflektieren und niederzuschreiben. Notieren Sie zu jeder der folgenden Fragen spontan und aufrichtig Ihre Gedanken und Gefühle.

1. Was war die ursprüngliche Motivation, sich für Ihren Beruf zu entscheiden?
2. Welche Wünsche und Hoffnungen hatten Sie während Ihrer Ausbildung im Hinblick auf die spätere berufliche Tätigkeit? Was davon hat sich bestätigt und was nicht?
3. Was belastet Sie in Ihrer täglichen Arbeit am meisten?
4. Wie setzen Sie Grenzen, wenn Ihnen etwas zu viel wird (mit Worten, durch stillen Rückzug, durch Konzentration auf das Notwendigste ...)?
5. Woraus schöpfen Sie Kraft? Was stärkt Sie? Wie regenerieren Sie sich? Was macht Ihnen einfach Spaß (Mit der Familie oder mit Freunden zusammen sein, Gartenarbeit, lesen, ein Museumsbesuch ...)?
6. Welche zehn guten Eigenschaften/Fähigkeiten sind für Sie typisch?

Die Beantwortung dieser Fragen hilft Ihnen, sich Ihrer Bedürfnisse und Stärken bewusst zu werden, und stärkt ihre Selbstregulationskräfte.

Regelmäßige Eintragungen in das Wohlfühltagebuch

Nehmen Sie sich täglich einige Minuten bis eine halbe Stunde Zeit, um nach einem vorgegebenen Raster Eindrücke, Gefühle und Erinnerungen in Bezug auf schwierige Situationen aus Ihrem beruflichen Alltag niederzuschreiben. Das Wohlfühltagebuch ist nur für Sie gedacht und deshalb sollten Sie bei der Niederschrift auch so aufrichtig wie möglich bleiben. Verzichten Sie während des Schreibens darauf, anderen oder sich selbst die Schuld für bestimmte Ereignisse zuzuschreiben, denn es geht nicht um Schuldfragen, sondern vielmehr darum, Verantwortung für sich selbst und das eigene Verhalten zu übernehmen. Vermutlich werden sich manche Ihrer gegenwärtigen Einstellungen im Laufe der Zeit verändern, das ist durchaus positiv zu werten.

Auch wenn sich nicht für jedes Problem sofort eine Lösung finden wird – allein der Umstand, dass Sie sich regelmäßig Zeit zur Reflexion und zum Notieren belastender Situationen nehmen, wird zu einer gewissen Entlastung vom Tagesstress führen. Mit der Zeit werden Sie immer schneller erkennen, was Sie an bestimmten Situationen wirklich stresst, und was Sie brauchen, um neue Kräfte zu sammeln oder notwendige Veränderungen herbeizuführen, denn Nachspüren und Schreiben schenken Klarheit.

> Wir träumen immer weiter über die vielen Dinge, die wir tun möchten, hätten wir nur die Zeit dazu. Wir bekommen nur eine viertel oder halbe Stunde oder nur ein paar Minuten freie Zeit. Darum sagen wir uns: „Was nützt uns das, wir haben jetzt nicht genug Zeit.“ So träumen wir immer weiter, und die goldenen Möglichkeiten entgleiten uns.
>
> *Mahatma Gandhi*

Beschreiben Sie anhand des folgenden Leitfadens das für Sie belastende Ereignis oder die Problemsituation aus Ihrer Perspektive (Ich Form) und formulieren Sie Ihre Gefühle, die damit einhergehen.

Wichtig ist, dass Sie die Antworten zu den einzelnen Fragen möglichst klar und knapp notieren. Schreiben Sie zur besseren Übersicht jede Situation auf ein neues Blatt.

Grundraster zur Selbstreflexion und Analyse der Situation

1. Was ist vorgefallen? (Situation)
„Meine Kollegin hat heute Morgen meinen Gruß schon wieder nicht erwidert."

2. Welche Personen sind beteiligt? (Menschen)
„Meine Kollegin, ich selbst ..."

3. Welche Gefühle hat die Situation in Ihnen ausgelöst? (Emotionen)
„Ich ärgere mich über sie, bin sauer, wütend, enttäuscht ..."

4. Hat Sie die Situation an eine frühere Erfahrung erinnert? Gibt es dazu einen roten Faden in Ihrem Leben? (Verhaltensmuster)
„Ja, im Grunde fühle mich oft alleine, nicht wahrgenommen oder ausreichend wertgeschätzt ..."

5. Was können Sie daraus lernen? (Entwicklungsaufgabe)
„Wie abhängig bin ich von der Wertschätzung anderer? Bringe ich mir selbst genug Wertschätzung entgegen? Schätze ich mich selbst so, wie ich bin?"

6. Wie könnten Sie künftig in einer ähnlichen Situation reagieren? Was brauchen Sie, um sich dabei wohl zu fühlen? (Zielsetzung)
z. B. „Ich sage meiner Kollegin direkt, dass es mich freuen würde, wenn Sie meinen Gruß erwidert ... dass es mich irritiert, wenn Sie mich nicht grüßt ..."

> Suche beständig bei allem Rückblick vorwärts zu sehen und es besser zu machen.
>
> *Paul Josef Nardini*

Im oben angeführten Beispiel könnte das Ziel für eine Veränderung sein, künftig das, was Sie am Verhalten der Kollegin stört oder was Sie sich von ihr wünschen, sofort in Form einer Ich-Botschaft mitzuteilen und offen Ihre Bedürfnisse zu kommunizieren. Das mag zu Beginn vielleicht schwer fallen, verhindert aber, dass Sie den „heruntergeschluckten“ Ärger unterschwellig mit sich herumtragen. Vielleicht stellt sich dann auch heraus, dass der unerwiderte Gruß gar nichts mit Ihnen zu tun hat. Möglicherweise war die Kollegin einfach nur abgelenkt, in Gedanken mit der Sorge um einen Angehörigen beschäftigt oder etwas Ähnliches.

Bleiben Sie grundsätzlich möglichst klar, ruhig und sachlich, wenn Sie Kritik formulieren, und äußern Sie sie vor allem gleich, also noch bevor Sie selbst total verärgert sind, oder erst dann, wenn Sie sich wieder etwas beruhigt haben. Oftmals beruht die gesamte Situation einfach nur auf einem Missverständnis oder einer Fehlinterpretation.

Wenn Sie sich darum bemühen, in der Beziehung mit den KollegInnen generell auf respektvolle Weise zu agieren, anstatt auf Situationen nur zu reagieren, lassen sich viele Kommunikationsprobleme schon im Vorfeld vermeiden. Bewusst und verantwortlich zu kommunizieren, beschert außerdem das gute Gefühl, die Dinge in der Hand zu behalten, entlastet das Nervensystem und macht zufrieden.

So reduzieren Sie Stress im Berufsalltag

Mit zunehmender Berufserfahrung entwickeln wir bestimmte Routinen gegenüber den Abläufen und Anforderungen am Arbeitsplatz. Manches, was uns zu Beginn unserer beruflichen Tätigkeit noch stark belastet und gestresst hat, erscheint uns im Laufe der Jahre und mit wachsender Erfahrung „normaler“. Wir gewöhnen uns weitgehend daran, permanent in einer lauten Umgebung zu arbeiten, Unerwartetes in den Arbeitsablauf zu integrieren, immer gleichzeitig eine große Kinderzahl zu überblicken, und reagieren auf Konflikte gelassen.

Für manches Problem haben wir wirksame Lösungsstrategien entwickelt, manche schwierige Situation nehmen wir einfach mehr oder weniger hin und manchmal reagieren wir mit stiller Resignation. Doch auch wenn sich unser Körper scheinbar mit allen Anforderungen arrangiert hat und sich die Grenzen unseres Stressempfindens dabei möglicherweise erhöht haben, bleibt das Nervensystem dennoch weiter damit beschäftigt, die entstehenden Stressgefühle, egal ob bewusst oder unbewusst, immer wieder auszugleichen. Oft kostet uns das mehr Kraft, als wir wahrnehmen, und erst nach dem Arbeitstag stellt sich am Abend das Gefühl der Erschöpfung und Leere ein. Die Rahmenbedingungen, die unseren Berufsalltag erschweren, wie beispielsweise die Gruppengröße in den Kindertageseinrichtungen, können wir nur schwer verändern, den Stress erzeugenden Situationen meist nicht ausweichen. Ändern lässt sich jedoch unsere Haltung, die wir gegenüber Belastungen einnehmen, um den Anforderungen mit mehr Gelassenheit zu begegnen. Darüber hinaus können wir Stress am Arbeitsplatz reduzieren, indem wir uns effektivere Arbeitstechniken aneignen und außerdem zwischendurch für Pausen und kurze Momente der Entspannung sorgen. Nur so können wir unsere Arbeitskraft langfristig erhalten und werden im Berufsalltag Freude und Zufriedenheit erleben.

Entspannende Grundhaltungen

Die beste Grundlage, um entspannt durch den Tag zu kommen, ist eine Kombination aus gutem beruflichen Selbstbewusstsein, der Bereitschaft, auch liebgewordene Gewohnheiten immer wieder auf den Prüfstand der Praxistauglichkeit zu stellen, und ausreichenden Regenerationszeiten. Die folgenden Tipps und Hinweise helfen Ihnen, Ihren Arbeitsalltag zu entstressen:

Mit Humor geht alles leichter

Auch wenn Ihnen nicht immer zum Lachen ist, mit Verständnis und Humor – auch sich selbst gegenüber! – fällt vieles im hektischen Alltag leichter. Wer auf Herausforderungen mit Humor reagieren kann, bleibt gelassener und verliert dabei dennoch nicht an Autorität. Ganz im Gegenteil, Humor macht sympathisch und soll sogar vor Burnout schützen. Der Göppinger Studiendirekter Dieter Kassner, Lehrer und Lehrbeauftragter für Schulpädagogik, prägte den Begriff des „Pädagogischen Humors“ (Kassner 2002). Humor beeinflusst positiv emotionale und kommunikative Bereiche, unterstützt soziale Kompetenzen und steigert die Teamfähigkeit.

> Ein kleines Lächeln ist besser als eine große Ansprache.
>
> *Johannes Paul I.*

Sollte es Ihnen einmal besonders schwer fallen, in einem Konflikt ruhig zu bleiben, kann der

Ein Lächeln ist die kürzeste Verbindung zwischen zwei Menschen.
Aus China

Blick in die Augen Ihres Gegenübers helfen. Durch diese „emotionale Brücke“ erhalten Sie Einblick in die Gefühle, die dem Konflikt zugrunde liegen. Aggression erweist sich dann bisweilen als Trauer, scheinbarer Trotz manchmal als Hilflosigkeit.

Buchtipp:
Zahlreiche praktische Anregungen, wie sich eine Erziehung mit Humor in der Kita verwirklichen lässt, finden sich in „Das Schatzbuch des Lachens“ von Charmaine Liebertz (Don Bosco, München 2009).

Vergegenwärtigen Sie sich die schönen Seiten Ihres Berufes

Viele Abläufe in Kindertageseinrichtungen wiederholen sich von Jahr zu Jahr. Und auch so manche Probleme der Kinder oder das Verhalten und die Erwartungen der Eltern kehren wieder. Wer in Kindertageseinrichtungen arbeitet, muss lernen, sich jeden Sommer wieder neu von einigen Kindern zu verabschieden, die ihm ans Herz gewachsen sind. Durch permanent wiederkehrende Abläufe und Ereignisse kann es geschehen, dass man einzelne Kinder oder die Gesamtgruppe immer weniger differenziert wahrnimmt. In Verbindung mit schwierigen strukturellen Arbeitsbedingungen können im Laufe einer langjährigen Berufstätigkeit Frustrationen auftauchen sowie die Frage, ob denn die eigene Arbeit noch sinnvoll ist. Steigen dann die beruflichen Anforderungen durch zunehmende Aufgabenfülle, wächst die Gefahr, sich einseitig auf aktuelle Schwierigkeiten zu konzentrieren. Die Gründe, weshalb man sich einmal für diesen so lebendigen Beruf entschieden hat, treten dann leicht in den Hintergrund, was letztlich nicht nur die berufliche Motivation, sondern auch die Stressresistenz und die gesamte Lebensfreude beeinträchtigt.

Nehmen Sie sich also immer wieder einmal Zeit, um sich daran zu erinnern, welche positiven Seiten Ihre Berufswahl mit sich bringt, welche Freiheiten sie Ihnen erlaubt, welchen Reichtum Ihnen die Arbeit mit den Kindern und die Kooperation mit Eltern im Alltag schenken. Machen Sie sich bewusst, wie wertvoll die Arbeit in Ihrem Team und die Zusammenarbeit mit anderen Institutionen ist auf dem gemeinsamen Weg, die Ihnen anvertrauten Kinder hin zu selbstbestimmten und glücklichen Persönlichkeiten zu begleiten.

Keine Angst vor Konflikten oder schwierigen Gesprächen

Egal ob ein schwieriges Elterngespräch ansteht oder ein Konflikt im Team ausgetragen werden muss – gehen Sie soweit als möglich mit einem gesunden Selbstvertrauen und mit Respekt dem anderen gegenüber in das Gespräch oder die Sitzung. Bereiten Sie sich in Ruhe auf den Dialog vor und sammeln Sie im Vorfeld sachliche Argumente für Ihre Position. Bemühen Sie sich im Gespräch darum, offen zu

Freude soll nimmer schweigen.
Freude soll offen sich zeigen.
Freude soll lachen, glänzen und singen.
Freude soll danken ein Leben lang.
Freude soll dir die Seele durchschauen.
Freude soll weiterschwingen.
Freude soll dauern
ein Leben lang.

Joachim Ringelnatz

bleiben für den Standpunkt des anderen. Wenn Sie mit zu starren Vorstellungen in ein Gespräch gehen, wird es Ihr Gegenüber spüren und sich selbst ebenfalls für Ihre Argumente verschließen. Ein klarer Standpunkt, Offenheit für Gegenargumente und Respekt dem Gesprächspartner gegenüber ist die Voraussetzung, sich im Durcheinander von unterschiedlichen Erwartungen und zwiespältigen oder verletzten Gefühlen aufeinander zuzubewegen und schließlich eine Lösung für den Konflikt zu finden (siehe auch „Bausteine für eine gute Kommunikation“, Seite 88ff).

Überdenken Sie Ihre Ansprüche an sich selbst

Viele engagierte Menschen neigen dazu, überhöhte Ansprüche an sich selbst zu stellen. Diese Erwartungshaltung wird man, so lange sie unreflektiert bleibt, automatisch an die Kinder weitergeben und damit verbunden auch die Stress verursachenden Muster, die beispielsweise mit einem Perfektionsanspruch verbunden sind. Deshalb sollten Sie sich fragen, wie hoch Ihre Ansprüche an Sie selbst sind und wann Sie mit sich und mit den Kindern wirklich zufrieden sind. Nur wenn Ihnen dieser Zusammenhang bewusst ist, können Sie den Kindern und ihren individuellen Leistungen gegenüber gerecht bleiben.

Befolge grundsätzlich die folgenden drei Regeln:
Denke an
– Respekt für dich selbst,
– Respekt für andere,
– Respekt (Verantwortung) für alle deine Handlungen.

Aus den Lebensregeln des Dalai Lama

Minimieren Sie den Aufwand bei Festvorbereitungen

Nicht zu jedem Fest im Jahreskreis muss eine perfekte Raumdekoration gebastelt werden. Manchmal ist weniger sogar mehr! Letztlich geht es doch darum, dass sich alle Beteiligten wohl fühlen, wenn gefeiert wird, Sie selbst eingeschlossen! Die Dekoration ist zwar wichtig, doch sie sollte nur *ein* Baustein in der gesamten Festvorbereitung sein. Wenn Sie außerdem die anstehenden Aufgaben im Vorfeld im Team aufteilen und dafür Verantwortlichkeiten definieren, bleibt im Vorfeld des eigentlichen Festes mehr Zeit, die Sie den Kindern widmen können.

Entspannungsphasen einplanen

Die Förderung der Kinder in den unterschiedlichen Bildungsbereichen ist zweifellos wichtig, doch ohne ausreichende Entspannungsphasen dazwischen können die Inhalte der Angebote von den Kindern nicht nachhaltig verankert werden. Und die Pausen und Entspannungsphasen kommen sowohl den Kindern als auch Ihnen selbst zu Gute.

Und nicht zuletzt: Sorgen Sie für sich selbst

Fragen Sie sich immer wieder, was Sie selbst brauchen, damit es Ihnen in der Arbeit mit den Kindern gut geht, und sorgen Sie dafür, dass Sie entsprechende Arbeitsbedingungen vorfinden. Kinder haben ein untrügliches Gespür dafür, wenn die Erwachsenen, die ihre Entwicklung begleiten, unzufrieden oder gar unglücklich sind, und reagieren darauf. Nur dann, wenn es Ihnen gut geht, wird es auch den Kindern, die Sie betreuen, gut gehen.

> Ruhe ist für die Seele der Anfang der Reinigung.
>
> *Basilius der Große*

Entspannt durch den Arbeitstag

Um den täglichen Anforderungen standhalten zu können, braucht man neben der Liebe zu den Kindern große Fachkompetenz, innere Stärke, die richtigen Selbstmanagementstrategien und bisweilen auch die Bereitschaft, sich nicht alles so sehr zu Herzen zu nehmen. Manchmal ist es angeraten, eine Frage noch einmal zurückzustellen, sie über Nacht ruhen zu lassen, dann findet sich so manche kreative Lösung. Zugegeben, das ist nicht immer möglich. Doch am wichtigsten ist, dass Sie bei all dem, was an Aufgaben auf Sie wartet, gesund, leistungs- und entscheidungsfähig bleiben. „In der Ruhe liegt die Kraft", heißt es in einem alten Sprichwort, daher brauchen wir auch im Berufsalltag kleinere und größere Ruhe-Inseln,

Wenn ich mein Leben noch einmal leben könnte, würde ich versuchen, mehr Fehler zu machen. Ich würde nicht so perfekt sein wollen, ich würde mich mehr entspannen. Ich wäre ein bisschen verrückter, als ich gewesen bin, ich würde viel weniger Dinge ernst nehmen. Ich würde nicht so gesund leben. Ich würde mehr riskieren, würde mehr reisen, Sonnenuntergänge betrachten, mehr bergsteigen, mehr in Flüssen schwimmen.
Ich war einer dieser klugen Menschen, die jede Minute ihres Lebens fruchtbar verbrachten; freilich hatte ich Momente der Freude, aber wenn ich noch einmal anfangen könnte, würde ich versuchen, nur mehr gute Augenblicke zu haben. Falls du es noch nicht weißt, aus diesen besteht nämlich das Leben; nur aus Augenblicken; vergiss nicht den jetzigen.

Jorge Luis Borges

die uns helfen, entspannt durch den Tag zu kommen, und immer wieder auftanken lassen.

Guten Morgen!

Kennen Sie das Gefühl, dass man an so manchen Tagen am liebsten gar nicht aufstehen möchte? Sei es, weil man schlecht geschlafen hat, es draußen unerbittlich regnet und stürmt oder weil das bevorstehende Arbeitspensum zu hoch erscheint? Umso kostbarer wird die kurze Phase zwischen dem Aufwachen bis zum Aufstehen! Beginnen Sie den Tag zur Abwechslung doch etwas langsamer als bisher. Genießen Sie einige Minuten lang die letzten Traumerinnerungen, die Wärme des Bettes oder das Vogelgezwitscher draußen vor dem Fenster. Sie könnten sich von sanfter Musik wecken lassen, anstatt vom schrillen Ton des Weckers.

Kleine Rituale für einen guten Start in den Tag

Sollten Sie die Gewohnheit haben, sich morgens erst zur letztmöglichen Minute wecken zu lassen, um dann eilig aus dem Bett zu springen, so versuchen Sie es doch einmal mit der etwas ruhigeren Variante. Lassen Sie sich überraschen, was geschieht:

- Gehen Sie am Abend vorher noch einmal kurz die Terminplanung für den kommenden Tag durch.
- Machen Sie vor dem Einschlafen einen kurzen Spaziergang an der frischen Luft.
- Bereiten Sie den Frühstückstisch soweit als möglich schon am Abend vorher „hübsch" vor (z. B. mit einem farbigen Tischset, Lieblingsgeschirr, Blumen etc.).
- Legen Sie die Kleidung für den nächsten Tag schon am Abend zurecht.

- Setzen Sie je nach Tageslaune, Stimmung oder Wetter farbige Tücher oder Schals ein, die Ihr Wohlbefinden steigern.
- Benutzen Sie Schüsslersalze oder Bachblüten zur allgemeinen Unterstützung Ihrer Verfassung.
- Verwenden Sie ganz gezielt Ihren Lieblingsduft zur Unterstützung für den Tag.
- Schmökern Sie beim Frühstück kurz in Ihrem Lieblingsbuch oder in einer Zeitschrift.
- Absolvieren Sie regelmäßig nach dem Aufstehen eine einfache Kombination von Körper- und Atemübungen.
- Schenken Sie sich einige Minuten Zeit, um die Blumen auf Ihrem Balkon zu betrachten und freuen Sie sich daran.
- Lauschen Sie dem Vogelzwitschern vor Ihrem Fenster.
- Betrachten Sie einige Minuten die Wolken am Himmel.

Mögen der Frühtau auf den Wiesen und der erste Strahl der Morgensonne einen glücklichen Menschen treffen.

Altirischer Segenswunsch

Bei allem was Sie sich auch als Startritual in den Morgen aussuchen, wichtig ist, dass Sie sich angewöhnen, diese Übung kontinuierlich, also wirklich jeden Tag durchzuführen. Denn nur das, was Sie regelmäßig tun, kann auch zu einer Hilfestellung werden, die Sie stärkt und entspannt.

Nehmen Sie sich Zeit für ein gutes Frühstück

Gar nichts zu frühstücken, mindert auf Dauer Ihre Leistungsfähigkeit. Besser wäre es, etwas früher aufzustehen und sich die Zeit für ein gesundes und genussvolles Frühstück zu nehmen. Und egal, ob Sie lieber Tee oder Kaffee zum Frühstück trinken, die Kombination aus Vollkornprodukten (Kohlenhydrate), wertvollem Eiweiß (z. B. Quark, Ei) und Vitaminen (Obst) macht nicht nur satt, sondern ist auch im Regelfall gut für Ihre Darmgesundheit.

Ankommen in der Kita

Spätestens dann, wenn Sie vor der Tür zur Kindertageseinrichtung stehen, werden Sie für alle Anwesenden umgehend zur zuständigen Ansprechpartnerin. Von diesem Augenblick an wird erwartet, dass Sie für Fragen zur Verfügung stehen, dass Sie Bescheid wissen, wo Sophies Jacke gestern liegen geblieben ist oder die Unterschriftenliste vom Elternbeirat steckt. Für vielerlei Bedürfnisse ist jetzt eine Lösung gefragt und Ihre eigenen Bedürfnisse stehen erst einmal hintenan. Beginnen Sie daher Ihren Arbeitstag ganz bewusst, wenn sie beispielsweise die Kita-Tür aufschließen, den Türöffner für Eltern, Kinder und Besucher aktivieren oder morgens die Blumen auf der Fensterbank zu gießen.
Wichtig, damit Sie gut in den Tag starten:

- Versuchen Sie, nicht gehetzt oder erst im letzten Augenblick anzukommen, sondern entwickeln und pflegen Sie Ihr ganz eigenes kleines „Startritual“ in den Arbeitstag (siehe *Kleine Rituale für einen guten Start in den Tag*, Seite 45)
- Grenzen Sie sich beim Ankommen ohne schlechtes Gewissen von überfallartigen Anfragen ab und bieten Sie einen späteren Zeitpunkt an, an dem Sie sich dem Problem widmen können.

Gönnen Sie sich eine Pause!

Vormittags sind die eigenen Kraftreserven meist noch ziemlich voll. Trotzdem sind fünf Minuten gezielte Auszeit zwischendrin durchaus sinnvoll, um Ihre Kräfte noch bis weit in den Nachmittag hinein zu erhalten. Ziehen Sie sich dafür, wenn möglich, einige Minuten zurück. Betrachten Sie die Wolkenformen, lauschen Sie den Regentropfen, trinken Sie in Ruhe eine Tasse Kaffee, lassen Sie kaltes Wasser über Ihre Unterarme laufen oder tun Sie, was immer gut für Sie ist. Nehmen Sie sich diese wenigen Minuten ganz gezielt, so werden Sie länger und mit mehr Geduld für die Kinder da sein können.

Ausreichend Flüssigkeit trinken

Denken Sie daran, täglich über den Tag verteilt genügend gesunde Flüssigkeit (Wasser, ungesüßten Tee etc.) zu sich zu nehmen. Sollten Sie es in der Alltagshektik leicht vergessen, hilft es, wenn Sie sich z. B. eine große Kanne mit Ihrem Lieblingstee mit in die Arbeit nehmen, die Sie immer wieder daran erinnert, etwas zu trinken. Ein Glas Wasser, zwischen den Mahlzeiten getrunken, unterstützt Ihren Körper außerdem dabei, die Nährstoffe besser aufzunehmen, und macht wach und frisch.

Tipp: Reine Fruchtsäfte sollten mit Wasser verdünnt werden, um den Magen zu schonen.

Abschalten in der Mittagspause

In der Mitte des Tages ist eine richtige Pause wichtig. „Abschalten" können Sie am leichtesten, wenn Sie aus der Einrichtung hinausgehen, oder durch einen Rückzug in das Mitarbeiterzimmer (soweit vorhanden). Innerhalb der Einrichtung können Ohrstöpsel helfen, sich vom hereindringenden Lärm zu distanzieren. Musik oder ein interessantes Hörbuch,

> Was keine Pause kennt,
> ist nicht dauerhaft.
> *Ovid*

über Kopfhörer aufgenommen, ermöglichen uns kurzfristig einen Tapetenwechsel in eine andere Welt.

Abschalten bedeutet, an etwas ganz anderes zu denken, Abschalten wird aber verhindert, wenn wir die Pause dafür nutzen, um beispielsweise den nächsten Elternabend mit einer Kollegin zu planen. Gönnen Sie sich die verdiente Ruhepause. Bei einem Spaziergang an der frischen Luft tanken Sie auf. Ein leichtes Mittagessen, in Ruhe genossen, füllt außerdem Ihre Energiereserven wieder auf und hilft das Mittagstief zu überwinden.

Tipp: Nehmen Sie sich Zeit, Ihr Mittagessen bewusst zu genießen, egal ob Sie alleine sind oder ob Sie es zusammen mit KollegInnen einnehmen. Wenn Sie dabei auch noch darauf achten, langsam zu kauen, fördert dies die Verdauung der Nahrung, die Nährstoffe werden besser vom Körper aufgenommen.

Frischluft und Obst gegen das Leistungstief am frühen Nachmittag

Besonders nach einem schweren, kohlehydratreichen Mittagessen und etwas Süßem danach kann es am frühen Nachmittag zu einem Abfall des Blutzuckerspiegels kommen. Zwischen 11 und 14 Uhr haben die meisten Menschen, je nach individuellem Biorhythmus, ein richtiggehendes Leistungstief. Neben frischer Luft und etwas mehr Ruhe kann ein Stück Obst, rohes Gemüse oder ein Vollkornbrot den Abfall des Blutzuckerspiegels rasch wieder ausgleichen.

Abstand von der Arbeit statt Feierabendblues

Oft nehmen wir die Sorge um ein Kind mit in den wohlverdienten Feierabend, doch hilft das niemandem. Nutzen Sie lieber schon den Heimweg, um Belastendes und Stressgefühle loszulassen und wieder auf andere Gedanken zu kommen. Das Fahrrad vor der Kita-Tür kann dazu ebenso beitragen wie die neueste Schaufensterge-

> Wenn du dein ganzes Leben und Erleben völlig ins Tätigsein verlegst und keinen Raum mehr für die Besinnung vorsiehst, soll ich dich da loben? Darin lobe ich dich nicht ... Wie kannst du voll und echt Mensch sein, wenn du dich selbst verloren hast? Auch du bist ein Mensch. Damit deine Menschlichkeit allumfassend und vollkommen sein kann, musst du also nicht nur für alle andern, sondern auch für dich selbst ein aufmerksames Herz haben ... Denk also daran: Gönne dich dir selbst. Ich sage nicht: Tu das immer; ich sage nicht: Tu das oft, aber ich sage: Tu es immer wieder einmal. Sei wie für alle anderen auch für dich selbst da, oder jedenfalls sei es nach allen anderen.
>
> *Bernhard von Clairvaux*

staltung um die Ecke. Entdecken Sie die Welt um sich herum oder die Stille im Wald. Joggen, Fahrrad fahren, Spaziergänge durch den Park, eine gemütliche Tasse Cappuccino beim Lieblingsitaliener um die Ecke – es gibt viele Möglichkeiten, die helfen, nach der Arbeit Abstand zum Tagesgeschehen zu finden.

Nehmen Sie sich Zeit für eine genussvolle Mahlzeit

Nach einem angefüllten Arbeitstag am Abend etwas Gutes zu essen und diese Mahlzeit zu genießen, ist wichtig, auch wenn wir bisweilen die Anstrengung scheuen, das Abendessen weitgehend frisch zuzubereiten. Um die Zubereitungszeit zu verkürzen, könnte man z. B. Kartoffeln schon am Abend vorher kochen oder den vorbereiteten Salat im Kühlschrank (in einer geschlossenen Plastikdose) bereitstellen. Wenn Sie dann, gemeinsam mit Ihrer Familie, Ihrem Lebenspartner oder auch einfach nur für sich allein den Tag mit einem guten Essen ausklingen lassen, beginnt der Abend viel entspannter.

Wichtig: Essen Sie nicht mit akutem Ärger oder Trauer „im Bauch“! In diesem Fall ist es besser, erst einige Minuten an der frischen Luft durchzuatmen, einen Spaziergang zu machen oder die belastende Situation mit einem vertrauten Menschen zu besprechen. So kommen Sie wieder leichter in Ihre eigene Mitte.

Gestalten Sie den Esstisch bewusst schön

Blumen, Kerzenlicht oder ein schönes Gedeck unterstützen Ihr Wohlbefinden. Nicht umsonst heißt es: „Das Auge isst mit.“ Ist der Tisch schön gestaltet und sind die Speisen ansprechend angerichtet, kaut man das Essen mit weniger Anspannung im Kieferbereich und isst langsamer. Gleichzeitig lässt die Anspannung im Körper nach, die Atmung vertieft sich und man fühlt sich beim Essen wohl.

Erholsam Schlafen

Schlaf ist ein heilsames Mittel, das die Natur vorgesehen hat, damit wir uns von der Anstrengung des Tages erholen. Im Schlaf verarbeiten wir vieles von dem, was uns während des Tages begegnet ist oder was uns belastet hat. Beim Schlafen entspannen sich die Muskeln und das endokrine System setzt notwendige Hormone zur Zellerneuerung frei. Guter Schlaf ist also für jeden von uns wichtig, um unsere Leistungsfähigkeit zu erhalten. Menschen, die auf Dauer zu wenig schlafen, haben eine herabgesetzte Immunabwehr und sind anfälliger für Infektionen.

> Der Schlaf sei das tägliche Brot deiner Seele.
>
> *Carl Ludwig Schleich*

Tipps für einen guten Schlaf

- Trinken Sie vor dem Einschlafen eine Tasse Kräutertee – besonders entspannend wirken Lavendel oder Baldrian – oder heißes Ingwerwasser (siehe Seite 84)

- Kerzenlicht oder entspannende Düfte – eingesetzt in der letzten Stunde vor dem Zubettgehen – unterstützen ebenfalls einen entspannten Schlaf.

- Um die aufgestaute emotionale Anspannung des vergangenen Tages abzubauen, hilft auch ein Gespräch (auch ein Telefonat) mit einem lieben Menschen.

- Lesen Sie am Abend ein heiteres Buch oder hören Sie entspannende Musik.

- Bewährt hat sich auch, am Abend kurz vor dem Einschlafen warme Milch mit Honig zu trinken. Wichtig: Der Honig sollte erst eingerührt werden, wenn die Milch nicht mehr ganz heiß ist, damit sich die Wirkstoffe richtig entfalten können.

- Eine kalorienarme und zahnschonende Alternative dazu ist als Getränk die „Heiße 7“ (Schüsslersalze) (siehe Seite 84).

- Ein warmes, duftendes Bad am Abend entspannt und macht müde.

- Auch Kneipp-Anwendungen, z. B. den Körper mit einem kaltnassen Waschlappen von Kopf bis Fuß abzureiben und sich anschließend ohne Abtrocknen, eingehüllt in ein Leintuch, sofort ins Bett legen, fördert guten Schlaf.

- Wenn es Situationen gibt, die Sie gefühlsmäßig nicht loslassen und die Sie mit niemanden besprechen können, kann es helfen, das Geschehene nieder-

zuschreiben. So finden Gedanken und Gefühle, die Sie beschäftigen, ihren Ausdruck, und für so manches Problem ergibt sich während des Schreibens sogar ganz unerwartet eine Lösung oder zumindest eine Erklärung.

- Verdunkeln Sie Ihr Schlafzimmer soweit als möglich, denn Dunkelheit bewirkt im Gehirn die Ausschüttung des Hormons Melatonin. Dieses Hormon ist dafür verantwortlich, dass wir müde werden. Machen Sie Ihr Schlafzimmer zu einer wahren Ruheinsel und nutzen Sie es möglichst nur zum Entspannen und Schlafen und nicht, um in dem Raum zu arbeiten oder beispielsweise fernzusehen.

- Gehen Sie möglichst nicht nach 23 Uhr zu Bett. Oder gönnen Sie sich einfach einmal ganz bewusst eine frühere Einschlafzeit. Zwar ist es individuell unterschiedlich, wie viel Schlaf jeder Mensch benötigt, um sich am nächsten Morgen ausgeruht zu fühlen, doch für die meisten Menschen sind sieben bis acht Stunden Schlaf sinnvoll. Eine gewisse Regelmäßigkeit bei der Zubettgehzeit erleichtert außerdem das Einschlafen.

- Vermeiden Sie unmittelbar vor dem Einschlafen aufwühlende Streitgespräche, Fernsehsendungen oder Alkoholgenuss. Das erschwert es, in den Schlaf zu finden, und verursacht unter Umständen schwere Träume, aus denen Sie dann mitten in der Nacht wieder aufwachen. Lassen Sie die Tage besser ruhig und friedlich ausklingen. Denken Sie vor dem Zubettgehen lieber an etwas Schönes oder Lustiges. Vergegenwärtigen Sie sich, was am vergangenen Tag positiv war, worüber Sie sich gefreut haben.

- Bei einem warmen Fußbad und anschließender Fußmassage mit einer wohltuend duftenden Creme entspannt sich Ihr gesamter Körper. Sie brauchen dafür nur wenig Zeit und ein wenig Experimentierfreude: Kneten, drücken und streichen Sie die Fußsohle, den Rist sowie alle Zehen nacheinander.

- Ihr Schlafzimmer sollte gut durchlüftet, die Raumtemperatur nicht zu warm oder zu kalt sein.

- Auch ein kurzer Spaziergang vor dem Schlafengehen fördert das Ein- und Durchschlafen.

- Was auch immer Sie als „Ihre“ ganz persönliche Entspannungsmethode für den Abend entdecken: Atemübungen, ein Plausch mit der besten Freundin oder ein Schaumbad ... tun Sie einfach, wonach Ihnen ist und was Ihnen Spaß macht. Denn eines ist sicher, der kommende Tag wird bestimmt wieder neue Herausforderungen bringen und Ihre ganze Kraft fordern.

Schreibtischarbeiten mühelos bewältigen

Verwaltungstätigkeiten sind oft ungeliebt und werden gerne aufgeschoben. Wichtige Schreibtischarbeiten in den Tagesablauf zu integrieren, fällt oft schwer, ist der Arbeitstag doch schon mit der Betreuung und Förderung der Kinder gut ausgelastet. Folgende Tipps und Hinweise werden Sie dabei unterstützen, sich diesem Aufgabenbereich zu widmen und die Büroarbeit mühelos zu bewältigen:

Bitte nicht stören!

Die wichtigste Maßnahme, Verwaltungsaufgaben zielstrebig und effektiv abzuarbeiten ist, für einen ungestörten Arbeitsplatz zu sorgen. Ein Schild an die Tür mit der Aufschrift „Bitte nicht stören!“ signalisiert den Kolleginnen, Eltern und Kindern, dass Sie für Ihre Tätigkeit Ruhe brauchen und nicht unterbrochen werden wollen. Sprechen Sie sich möglichst im Vorfeld mit den KollegInnen ab und klären Sie, für welchen Zeitraum Sie sich ins Büro zurückziehen.

To Do-Liste

Eine To Do-Liste unterstützt Sie dabei, den Überblick zu behalten. Alle anstehenden Aufgaben und Termine werden täglich in den Timer eintragen. Größere, komplexe Aufgaben unterteilen Sie am besten in mehrere kleine Arbeitsschritte. Am Ende des Arbeitstages wird kontrolliert, welche Aufgaben schon erledigt wurden und was noch getan werden muss. Alles Unerledigte wird für den nächsten Tag übertragen.

Realistischen Zeitrahmen setzen

Alles Unerledigte erzeugt Stressgefühle, die Sie wie Mühlsteine mit durch den Tag schleppen. Daher ist es wichtig, dass Sie für jede Aufgabe einen realistischen Zeitrahmen festlegen und sich dann während dieser Zeitphase ausschließlich nur auf diese eine Sache konzentrieren. Ist die Aufgabe erledigt, schließen Sie sie ganz bewusst ab, indem Sie sie beispielsweise in der To Do-Liste als erledigt abhaken und den Aktenordner wieder in das Regal zurückstellen.

Delegieren lernen

Jeder im Team hat Stärken und Schwächen. Lernen Sie deshalb, Aufgaben an andere zu delegieren und Unterstützung anzunehmen bzw. sie einzufordern. Es ist kein Versagen, nicht auf jedem Gebiet genau Bescheid zu wissen. Effektiver arbeiten Sie im Team, wenn alle Mitarbeiterinnen Ihre individuellen Stärken einbringen. Und vor allem: Wenn Sie Ihren Kolleginnen, MitarbeiterInnen, Elternbeiräten und allen, mit denen Sie zusammenarbeiten, etwas zutrauen und ihnen Vertrauen entgegenbringen, wird jeder sein Bestes geben.

Infowand für Kurznachrichten

Eine Infowand für Kurzmitteilungen im Büro ist eine gute Möglichkeit, kurze Informationen oder zu erledigende Aufgaben schnell und einfach weiterzugeben. Für jede/n Mitarbeiter/in ist eine Spalte vorgesehen, die schriftlich formulierten Aufgaben werden dann eigenverantwortlich erledigt.

Grenzen setzen

Ist Ihr Terminplan schon voll oder quillt Ihr Schreibtisch bereits über, ist es legitim, dass Sie zusätzliche Termine ablehnen oder aber auch eine Kollegin bitten, die Aufgabe zu übernehmen. Wichtig ist, dass Sie Ihr Nein klar formulieren und es vor allem rechtzeitig aussprechen.

Prioritäten setzen

Bei jeder Aufgabenplanung ist die Grundfrage, in welchem Zeitrahmen die Aufgabe erledigt sein muss: umgehend, am gleichen Tag oder erst am Ende der Woche?

Setzen Sie je nach Dringlichkeit klare Prioritäten und legen Sie die Reihenfolge fest, nach der Sie die Aufgaben abarbeiten.

Unnötige Ablenkungen ausschalten

Wollen Sie sich der Bearbeitung einer bestimmten Aufgabe konzentriert widmen, ist es unverzichtbar, für einen ungestörten Rahmen zu sorgen und Ablenkungsmöglichkeiten möglichst auszuschalten. Nehmen Sie währenddessen beispielsweise keinen Telefonanruf an, obwohl der Anrufbeantworter eingeschaltet ist, oder bitten Sie eine Kollegin, das Telefon für diesen Zeitraum zu übernehmen.

Die individuelle Leistungskurve berücksichtigen

Für Tätigkeiten, die hohe Konzentration und Ausdauer erfordern, sollten sie Ihre persönlich starken Leistungszeiten beachten. Je nachdem, ob sie eher ein „Morgenmensch“ oder ein „Nachtlicht“ sind, wird Ihre Fähigkeit, sich zu konzentrieren, oder Ihr Bedürfnis nach Ruhe in eine andere Tageszeit fallen. Es schont die Nerven und ist effektiver, wenn Sie diese Zeiten bei Ihrer Aufgabenplanung berücksichtigen.

Kleine Pausen zwischendurch

Wer stundenlang konzentriert durcharbeiten will, überfordert sich leicht dabei. Effektiver ist es, sich immer wieder mal eine kurze Pause zu gönnen. Zwischendurch aufzustehen, kurz etwas ganz anderes zu tun, sich zu dehnen und zu strecken, einige Minuten Frischluft in den Arbeitsraum zu lassen, lässt Sie nach einer Unterbrechung von einigen Minuten wieder konzentrierter weiterarbeiten.

Fehler erlaubt!

Fehler sind menschlich und niemand wird – gleich ob im Privatleben oder im Beruf – dazu in der Lage sein, keinerlei Fehler zu machen. Das ist auch gar nicht erstrebenswert, denn aus Fehlern kann man sehr viel lernen, sie sind oftmals sogar Ausgangspunkt oder Motor für neue Entwicklungen. Bleiben Sie deshalb verständnisvoll und nachsichtig mit sich selbst, wenn Ihnen hin und wieder auch Fehler unterlaufen. Loben Sie sich lieber ab und zu dafür, dass Sie sich mit Engagement, Herz und Kraft für Ihre Arbeit einsetzen.

Mit Unvollkommenheit zu ringen ist das Los
Des Menschen, ist sein Wert und nicht sein Mangel bloß.
Was unvollkommen ist, das soll vollkommen werden;
Denn nur zum Werden, nicht zum Sein, sind wir auf Erden.

Friedrich Rückert

Entspannungsübungen für alle Sinne

Auch wenn Ihr Tagesablauf in der Kita ausgefüllt scheint, lassen sich die folgenden Fünf-Minuten-Übungen leicht zwischendurch einbauen. Ziehen Sie sich einige Minuten in einen Raum zurück, wo Sie ungestört sind und nicht abgelenkt werden, oder nutzen Sie für die Übungen die Mittagspause und gehen Sie hinaus an die frische Luft. Wichtig ist: Achten Sie bei den Übungen auf die Signale Ihres Körpers und machen Sie alle Übungen immer nur solange, wie Sie sich dabei wohl fühlen.

Mit den folgenden Sinnesübungen können Sie Kraft tanken und verbrauchte Energiereserven rasch wieder aufzufüllen. Sie unterstützen Sie dabei,

- Ihren Kreislauf in Schwung zu bringen und sich wieder frisch zu fühlen,
- Anspannungen im Körper zu spüren und sie loszulassen,
- körperlich beweglich zu bleiben,
- die Konzentrationsfähigkeit zu steigern,
- die Sinne zu aktivieren,
- die Eigenwahrnehmung zu schulen und sich selbst besser zu spüren,
- die Atmung zu vertiefen und damit Stress abzubauen,
- in ein inneres Gleichgewicht zu finden,
- die Nervenkraft zu stärken und ruhig zu werden,
- die eigenen Bedürfnisse besser verstehen zu lernen und auf sich selbst Rücksicht zu nehmen,
- emotional belastende Situationen loszulassen und innerlich Abstand zu bekommen.

Zen-Spaziergang

Die folgende Übung arbeitet mit der bewussten Entschleunigung der eigenen Bewegungen. Sie fördert Ihre innere Achtsamkeit und Konzentration und unterstützt Sie dabei, ganz im Hier und Jetzt anzukommen, wie es in der Antwort eines Zen-Mönchs zum Ausdruck kommt, der gefragt wurde, wie er denn bei all seinen vielen Beschäftigungen immer so gelassen sein könne.

„Wenn ich stehe, dann stehe ich. wenn ich gehe, dann gehe ich, wenn ich sitze, dann sitze ich, wenn ich esse, dann esse ich, wenn ich spreche, dann spreche ich.“ Der Fragesteller unterbrach den Mönch und sagte: „Das machen wir ja auch, aber was machst du noch darüber hinaus?“ Der Mönch sagte nochmals: „ Wenn ich stehe, dann stehe ich, wenn ich gehe, dann gehe ich, wenn ich sitze, dann sitze ich, wenn ich esse, dann esse ich, wenn ich spreche, dann spreche ich.“ Wieder entgegnete der Fragesteller: „Das tun wir ebenfalls!“ „Nein“, antwortete der Mönch: „wenn ihr sitzt, dann steht ihr schon, wenn ihr steht, dann lauft ihr schon, wenn ihr lauft, dann seid ihr schon am Ziel ...“

Spüren Sie den Boden, auf dem Sie gehen; achten Sie auf Ihre Atmung, und jeden einzelnen Schritt, den Sie zurücklegen. Richten Sie sich dabei vom Becken aus nach oben auf, innerlich wie äußerlich. Werden Sie beim Gehen mit Ihren Schritten immer langsamer, machen Sie jeden einzelnen Schritt ganz bewusst, bis Sie den Bewegungsablauf so verlangsamt haben, dass Sie die Bewegung schließlich nur noch in Gedanken vollziehen. Achten Sie auf mögliche Spannungen in Ihrem Körper. Wo spüren Sie sie: im Gesicht, im Nacken, in den Schultern, im Bauchbereich, in den Knien oder in den Füßen?

Atmen Sie langsam durch den leicht gespitzten Mund aus und lassen Sie dabei gedanklich alle Anspannung von sich abperlen wie Regentropfen von einer Regenjacke. Bleiben Sie anschließend stehen und nehmen Sie das Leben um sich herum wahr – all die Geräusche, die Düfte und Farben. Spüren Sie den Boden unter Ihren Füßen und die Erde, die Sie sicher trägt. Verweilen Sie einige Minuten so und setzen Sie sich dann wieder achtsam in Bewegung. Finden Sie allmählich zu Ihrem

> Gehe ruhig und gelassen durch Lärm und Hast dieser Zeit und denke daran, dass wahrer Friede nur in der Stille zu suchen und zu finden ist.
>
> *Max Ehrmann*

eigenen Rhythmus zurück und spüren Sie nach, ob sich etwas verändert hat – wenn ja, was?

Diese Übung erfordert gerade zu Beginn viel Geduld. Vor allem dann, wenn man es gewohnt ist, alles stets zügig zu erledigen. Doch haben Sie sich erst einmal für die Zeit der Übung auf die gezielte Entschleunigung eingelassen, werden Sie schnell entdecken, wie hilfreich sie ist, um mehr Ruhe und Gelassenheit zu erreichen.

Hören und entspannen

Unsere Ohren werden tagtäglich von einer wahren Geräuscheflut überrollt. Sinneseindrücke über das Gehör, unser Wohlbefinden und unsere Gesundheit stehen in einem engen Zusammenhang. Andauernde Geräuschbelastung am Arbeitsplatz kann schnell zu Stress werden und das Nervensystem überlasten. Deshalb ist es wichtig, dass Sie Ihren Ohren zwischendurch immer wieder etwas Ruhe gönnen. Die folgenden Übungen können Sie dabei unterstützen.

> Es gibt für den Menschen keine geräuschlosere und ungestörtere Zufluchtsstätte als seine eigene Seele. Halte recht oft solche stille Einkehr und erneuere dich selbst.
>
> *Marcus Aurelius*

Dem Atem folgen

Position: sitzend (auf dem Stuhl oder auf dem Boden), Augen geschlossen
Dauer: ca. 5 Minuten

Verschließen Sie zuerst Ihre beiden Ohren locker mit den Fingern. Atmen Sie dann in Ihrem ganz eigenen Rhythmus durch die Nase ein und nach einem kurzen Moment durch den Mund wieder leise summend aus. Spüren Sie kurz nach und atmen Sie dann in Ihrem Rhythmus wieder ein. Wiederholen Sie die Übung solange, wie es Ihnen angenehm ist.

Abschließend lösen Sie Ihre Finger vom Ohr – summen noch ein- oder zweimal wie gewohnt mit der Ausatmung mit und wechseln dann, wenn Sie möchten, zu einer kleinen Melodie. Spüren Sie nach, wie sich Ihr Kehlkopf und Ihr gesamter Körper jetzt anfühlen.

Dem Klang in die Stille folgen

Position: sitzend
Dauer: 3 bis 5 Minuten
Material: Klangschale auf einem kleinem Kissen

Halten Sie die Klangschale in Ihrer offenen Hand auf einem kleinen Kissen (so klingt sie länger). Schließen Sie die Augen und bringen Sie die Schale zum Klingen. Konzentrieren Sie sich ganz auf diesen Klang und folgen Sie ihm, bis er verklingt und noch weiter in die Stille. Bringen Sie die Klangschale anschließend erneut zum Klingen und folgen Sie wiederum dem Ton. Wiederholen Sie die Übung einige Male und genießen Sie bewusst die Pausen zwischen den einzelnen Klangstrecken.

Lauschen lernen

Position: sitzend
Dauer: ca. 5 Minuten
Material: Stuhl (im Garten oder auf dem Balkon)

Spüren Sie den Boden unter Ihren Füßen und die Oberfläche des Stuhls, auf dem Sie sitzen. Richten Sie nun Ihren Rücken vom Becken ausgehend nach oben auf wie die Perlen einer Kette, eine nach der anderen, bis Sie beim höchsten Punkt oben am Schädeldach, dem so genannten Kronenpunkt (nach Benita Cantieni, 2003) angelangt sind. Legen Sie nun Ihre Hände locker auf die Bauchdecke. Spüren Sie die leichten Atembewegungen im Bauchraum. Schließen Sie Ihre Augen und öffnen Sie nun Ihre Ohren für die Geräusche um Sie herum. Lauschen Sie dem, was Sie hören, ohne es zu bewerten.

Sehen und entspannen

In einem Sprichwort heißt es: „Ein Bild sagt mehr als tausend Worte." Obwohl wir mit den Augen permanent eine Vielzahl von Informationen aufnehmen, bleiben viele visuelle Sinneseindrücke unbewusst und flüchtig. In der Hektik des Berufslebens haben wir oft nicht die nötige Aufmerksamkeit und nehmen manches nur unzureichend wahr. Gerade dann, wenn wir in Stress kommen, ist unsere Sehfähigkeit eingeschränkt und damit verengt sich auch unsere Sicht- und Reaktionsweise. Mit den folgenden Übungen kann sich unser Sehsystem schnell wieder regenerieren.

> Die Augen sind die Fenster der Seele.
>
> *Hildegard von Bingen*

Den Blick schweifen lassen

Position: sitzend, die Augen geschlossen
Dauer: 3 bis 5 Minuten

Betrachten Sie eine kurze Zeit lang einen beliebigen Gegenstand in angenehmer Entfernung. Jetzt schließen Sie Ihre Augen und lassen das Gesehene absichtslos und in Ruhe in sich nachwirken. Wiederholen Sie die Übung einige Male mit demselben Objekt oder mit weiteren Gegenständen. Bleiben Sie dabei geduldig mit sich selbst. Anschließend legen Sie Ihre beiden Hände locker auf die Augen – spüren Sie die Wärme Ihrer Hände und atmen Sie einige Minuten ruhig ein und aus. Öffnen Sie Ihre Augen wieder und lassen Sie zum Schluss Ihren Blick durch den Raum oder durch die Landschaft schweifen. Was hat sich verändert?

Augengymnastik

Position: sitzend, die Ellbogen auf den Tisch gestützt
Dauer: 5 bis 7 Minuten

Reiben Sie Ihre Hände fest aneinander, bis sie sich heiß anfühlen. Anschließend legen Sie Ihren Kopf locker in die Hände, der Nacken wird dabei leicht nach unten gedehnt. Lassen Sie die wohltuende Wärme einige Minuten auf die Augen einwirken. Anschließend kreisen Sie mit den Augen achtsam und in Ruhe hinter den geschlossenen Lidern im Uhrzeigersinn. Nach einigen „Bewegungsrunden" genießen Sie eine kurze Pause, in der Sie sich Zeit zum Nachspüren nehmen. Wie fühlen sich Ihre Augen jetzt? Anschließend wechseln Sie die Bewegungsrichtung und spüren wiederum nach einigen Runden der Bewegung nach.

Wichtig: Es bewegen sich nur die Augen, nicht aber der Nacken bzw. der Kopf. Achten Sie beim Üben auf ihr Körpergefühl. Wenn Sie Spannungen spüren, Lassen Sie sie mit der nächsten Ausatmung bewusst los.

Nah – Weit

Position: sitzend oder stehend
Dauer: 5 bis 7 Minuten (mit Pausen)

Führen Sie Ihren Zeigefinger nahe an die Augen heran (15 bis 20 cm) Richtung Nasenspitze und betrachten Sie ihn in Ruhe. Anschließend führen Sie ihn langsam in Armlänge wieder von sich weg und nach einer kurzen Pause erneut wieder zu sich heran. Wiederholen Sie den Bewegungsablauf einige Male konzentriert. Dann schließen Sie für einige Minuten die Augen und spüren der Bewegung nach. Je langsamer Sie die Übung ausführen und je fließender Sie den Übergang von Nah auf Fern und umgekehrt gestalten, desto besser. Lassen Sie sich viel Zeit dafür.

Augenentspannung

Position: sitzend oder liegend
Dauer: 5 bis 7 Minuten

Oft sind nach einem langen Arbeitstag die Augen müde und gereizt. Um die Augen zu entspannen, legen Sie Ihre Hände sanft auf die geschlossenen Augen und kreisen Sie mit den Fingerspitzen langsam um die Augenhöhlen, solange es Ihnen gut tut. Sie können auch im Liegen ein mit Lavendel gefülltes Kräuterkissen auf die Augen legen und so einige Minuten verweilen.

Atmen und entspannen

„Brennt“ es an Ihrem Arbeitsplatz wieder einmal überall gleichzeitig? Durch das Gefühl, an vielerlei Stellen nötig zu sein, und die dabei entstehenden Stressgefühle atmen sie schneller und flacher. Einige Minuten bewusstes Ein- und Ausatmen normalisiert Ihre Atmung wieder und Sie fühlen sich bald entspannter und aufnahmefähiger. Besonders wichtig bei den Übungen ist, tief und langsam auszuatmen, das verstärkt den beruhigenden Effekt.

Nichts als atmen (Basisübung)

Position: sitzend, stehend oder gehend
Dauer: 3 bis 5 Minuten

Bei dieser Übung atmen Sie ganz bewusst durch die Nase ein, halten kurz inne und atmen dann langsam wieder durch die Nase aus. Anschließend nachspüren! Versuchen Sie, sich ausschließlich auf die Bewegung des Atems zu konzentrieren und sich dabei selbst zu spüren. Registrieren Sie die Gedanken, die auftauchen, und lassen Sie sie locker weiterziehen, ohne sie zu bewerten.

Der gesamte Kosmos, das ganze Universum ist im Hier und Jetzt vereint: das unendlich lang Vergangene ebenso wie das unendlich weit in der Zukunft Liegende. Die Ewigkeit findet man im Hier und Jetzt.

Meister Dogen

Entspanntes Atmen

Position: sitzend oder stehend, Augen geschlossen
Dauer: ca. 5 Minuten, mit Pausen

Atmen Sie durch die Nase einige Male ein und durch den gespitzten Mund etwa doppelt so lange aus. Anschließend eine kleine bewusste Pause einhalten, um nachzuspüren! Dann beginnt der Atemzyklus mit Einatmen – Ausatmen – Pause erneut. Durch die Atembewegungen werden die Organe im Bauchraum sanft massiert, der Sauerstoffanteil im Blut steigt und ein Gefühl der inneren Ruhe stellt sich ein.
Tipp: Gähnen Sie ab und zu genussvoll! Laut zu gähnen, kann in Gesellschaft anderer zwar unhöflich wirken, doch ist es ein wirksames Mittel der Entspannung, weil es unwillkürlich die Atmung vertieft.

Wahrnehmungsübung

Position: liegend, die Arme in Hüfthöhe seitlich auf dem Boden abgelegt, oder sitzend mit beiden Händen auf den Oberschenkeln
Dauer: 5 bis 8 Minuten

Ballen Sie zuerst Ihre Hände kurz und fest zu Fäusten zusammen. Achten Sie auf die Spannung, die sich dabei aufbaut. Wie fühlt sich Ihr Körper dabei? Wie reagiert Ihre Atmung? Anschließend öffnen Sie die Fäuste wieder und spreizen Ihre Finger leicht auseinander. Spüren Sie Ihrem Köper nach, lassen Sie dabei die aufgebaute Spannung immer mehr los und aus Ihren Fingern „abfließen". Genießen Sie die Momente der inneren Stille und Ruhe. Wiederholen Sie den Ablauf noch drei- bis fünfmal.

Zum Abschluss spüren Sie nochmals den Bewegungen nach und dehnen und räkeln Sie sich kurz. Was fühlen Sie in den Händen, im ganzen Körper, in Ihrem Atem? Wie fühlen Sie sich insgesamt? Was hat sich verändert?

Entspannt von Kopf bis Fuß

Kinder, Büroarbeiten, die eigene Familie ... Alles und jeder will und braucht Ihre ganze Aufmerksamkeit und Sie versuchen, allem gerecht zu werden und überall ganz präsent zu sein. Doch wer dauernd angespannt ist, behält nur mit Mühe einen klaren Kopf, seine Nerven und die Gesundheit. Daher ist es wichtig zu überlegen, was vordringlich ist und was noch etwas warten kann. Unser Kopf wird frei, wenn wir bewusst ausatmen, loslassen und uns dabei auf uns selbst konzentrieren. Durch Stressgefühle verspannen sich unsere Muskeln. Dehnen und strecken Sie sich daher öfters während des Tages ausgiebig und genussvoll wie eine Katze! Das baut Spannungen im Körper ab, hält Sie gelenkig und schenkt innere Gelassenheit.

Licht & Natur

Gehen Sie, auch wenn Sie nur einige wenige Minuten dafür Zeit haben, immer wieder einmal hinaus vor die Tür an die frische Luft. Egal ob Sonnenschein, Nebel oder Regenwetter – Ihr vegetatives Nervensystem braucht das Tageslicht! Betrachten Sie mit Muße einige Minuten die ziehenden Wolken, die Farben der Blumen oder das nasse Gras.

Hand-Reflexzonenmassage

Zur Stimulierung des Immunsystems streichen Sie mit dem Daumen auf der Innenseite der anderen Hand am Handgelenk entlang jeweils von innen nach außen hin leicht aus. Wechseln Sie die Seite und wiederholen Sie die Übung einige Male, solange wie es für Sie angenehm ist.

Ballmassage für die Fußsohlen

Position: stehend oder sitzend, ohne Schuhe
Dauer: 5 bis 8 Minuten

Ein Tennisball kann viel bewirken. Sie stehen hüftbreit und auf beiden Beinen. Unter einer Ihrer Fußsohlen liegt ein Tennisball. Rollen Sie zunächst Ihre Fußsohle auf dem Ball langsam ab. Von der Ferse zu den Zehen, vor und zurück, hin und her und anschließend auch die Fußaußenkanten entlang. Zum Schluss liegt der Ball wieder in der Mitte Ihrer Fußsohle (nicht unter den Zehen!). Mit der nächsten Ausatmung geben Sie Ihr Gewicht an den Ball ab. Lassen Sie sich dabei Zeit zum Spüren und geben Sie nur jeweils soviel Druck an den Ball ab, wie es für Sie angenehm ist. Stellen Sie dann den Fuß auf dem Boden ab und spüren in beiden Beinen nach. Hat sich etwas im Körper verändert? Im Fuß – im Knie – in der Hüfte? Wie fühlt sich das Bein im Gegensatz zum anderen an? Anschließend wiederholen Sie die Übung mit dem anderen Bein. Erspüren Sie am Ende der Übung, ob sich beide Beine gleich gut anfühlen oder ob eines noch einen „Durchgang“ braucht.
Tipp: Wenn Sie sich gerade „wackelig“ fühlen, können Sie sich im Stehen z. B. an einem Geländer festhalten oder die Übung auch im Sitzen durchführen. Beim abschließenden Nachspüren sollten Sie möglichst frei stehen.

A-E-I-O-U

Position: stehend
Material: Spiegel

Schauen Sie in einen Spiegel und artikulieren Sie dabei erst langsam und deutlich, dann immer schneller werdend die einzelnen Vokale A – E – I – O – U. Betrachten Sie dabei Ihr Gesicht, die Mundbewegungen und die mit dem Schneller werden entstehenden „Grimassen“ mit Humor. Wenn Sie die Vokale noch mit verschiedenen Eigenschaften (fragend, zickig, erstaunt) kombinieren, wird Ihre Mimik noch ausdruckstärker und lustiger.
Tipp: Auch Kinder mögen diese spielerische Übung sehr!

Spannungen abklopfen

Position: stehend

Schütteln und klopfen Sie alle Anspannung in Ihren Armen und Beinen einfach ab. Starten Sie am besten mit dem Arm einer Körperseite. Beugen Sie erst leicht Ihre rechte Schulter und den Arm etwas nach vorne unten. Schwingen und schütteln Sie ihn dann locker aus und klopfen Sie den Arm anschließend von der Schulter ausgehend bis hin zur Hand, von oben nach unten, an der Innen- und Außenseite mehrmals sachte ab. Verfahren Sie anschließend ebenso mit dem linken Arm. Dann kommen beide Beine an die Reihe.

> Tu deinem Leib des Öfteren etwas Gutes, damit die Seele Lust hat, darin zu wohnen.
> *Teresa von Avila*

Die Affenschaukel

Position: stehend

Stellen Sie sich barfuss oder in Socken, die Beine hüftbreit geöffnet, hin (inneres Bild: Stehen wie ein Affe), Schultern und Oberkörper sind leicht nach vorne/unten gebeugt, die Arme hängen seitlich am Körper nach unten. Beginnen Sie, Ihre beiden Arme locker hin und her zu schwingen: vor und zurück, nach links und nach rechts, je nachdem, wie es Ihnen gut tut. Der ganze Körper schwingt dabei sachte mit, locker und spielerisch! Wieder zur Ruhe gekommen spüren Sie den Bewegungen nach. Wie fühlen sich Ihre Arme jetzt an? Wie fühlen Sie sich insgesamt?

Fingerdruck- und Handmassage

Position: sitzend oder stehend

In der Mitte unserer Handteller liegt nach der fernöstlichen Heilkunde der Energiepunkt „Palast der Angst“. Die Massage der Handmitte wirkt beruhigend. Legen Sie dazu eine Hand mit der Handfläche nach oben in die andere Hand. Mit dem Daumen der unteren Hand stimulieren Sie nun im Uhrzeigersinn ruhig und gleichmäßig den Energiepunkt der oben liegenden Hand und den gesammten Handteller.
Tipp: Sollte beim Massieren spontan die Vorstellung einer bestimmten Farbe auftauchen, greifen Sie dies auf und stellen Sie sich die Farbe in der Mitte Ihres Handtellers vor, solange es Ihnen gut tut.

Erweiterung: Wenn Sie die Handmassage anschließend noch erweitern und auch die einzelnen Finger mit einbeziehen, verstärkt dies die entspannende Wirkung. Daumen und Zeigefinger der einen Hand drücken zuerst auf das Nagelbett jedes einzelnen Fingers der Gegenhand (wie eine Zange von oben und unten gleichzeitig!), danach alle Finger nacheinander seitlich durcharbeiten und dabei vom Handteller ausgehend zu den Fingerspitzen hin ausstreichen.

Tipp: Auch Kinder lieben diese spielerische Massage sehr und werden dabei ruhiger und ausgeglichener!

Die Kopfhaut „kämmen“

Position: sitzend oder stehend

Mit den leicht gespreizten Fingern beider Hände kammartig die Kopfhaut vom Nacken aus entlang nach oben streichen. Danach von den Ohren ausgehend seitlich nach oben hin zum Schädeldach streichen und schließlich von der Stirn nach hinten zur Kopfmitte hin die Haare „durchkämmen“. Das macht Sie wieder wach und frisch! (Cantieni [9]2003, 22)

Die Schultern weiten

Position: liegend in Rückenlage
Material: Handtuch
Zeit: 5 bis 10 Minuten

Rollen Sie ein kleines Handtuch eng zusammen und legen Sie es in Höhe der Schulterblätter längs unter Ihre Wirbelsäule. Wichtig: Der Rücken muss dabei flach ausgestreckt und ohne Hohlkreuz auf dem Boden liegen. Breiten Sie nun Ihre Arme seitlich auf Schulterhöhe (nicht höher!) aus, mit den Handflächen nach oben. Spüren Sie, wie die Schwerkraft auf Ihre Arme und Ihre Schultern wirkt, und genießen

Sie das Gefühl der Weite in Ihrem Oberkörper. Verweilen Sie 5 bis 10 Minuten in dieser Position, atmen Sie dabei gleichmäßig und tief.

Zum Aufstehen rollen Sie sich zuerst zur Seite und richten sich dann langsam auf, mit dem Kopf zuletzt. Am Ende noch einmal ausgiebig dehnen, strecken und gähnen (nach Dr. Helmut Kreil: www.shiatsu-oberton.de).

Entspannen mit der Kraft der Natur

Die Natur bietet uns einen großen Schatz an ganz unterschiedlichen, doch sehr effektiven Entspannungsmöglichkeiten. In der Natur und mit ihrer Hilfe entspannen wir uns wie nebenbei und mit all unseren Sinnen!

Vieles, was uns die Natur schenkt, kann präventiv eingesetzt werden, um unser körperliches und seelisches Gleichgewicht zu erhalten. Experimentieren Sie mit Düften und Farben, bewegen Sie sich an der frischen Luft, finden Sie heraus, was Ihnen gut tut und was Sie in Ihren Alltag als unterstützende Maßnahme leicht integrieren können und möchten.

> Und die Lebenskraft, die Grünkraft „viriditas“, ergießt sich durch alle Glieder des Menschen und verleiht dem ganzen Leib Kraft, wie der Baum aus seinen Wurzeln den Saft und die Grünkraft allen Zweigen gibt.
>
> *Hildegard von Bingen*

Wohltuende Düfte

Das Wissen um die wohltuende, entspannende und heilende Wirkung von wohlriechenden Pflanzenessenzen ist schon sehr alt und wird seit Langem erfolgreich zur

Pflege des Körpers, in der Gesundheitsvorsorge und in der Heilkunde angewandt. Düfte helfen dabei,

- die Selbstheilungskräfte zu stärken,
- zu entspannen, indem sie das vegetative Nervensystem stimulieren, und
- beeinflussen das allgemeine Wohlbefinden positiv.

> Düfte haben mehr als eine Ähnlichkeit mit der Liebe, und manche Leute glauben sogar, die Liebe sei selbst nur ein Duft; wahr ist, dass die Blume, der sie entströmt, die schönste der Schöpfung ist.
>
> *Alfred de Musset*

Duftöle für den Raum

Duftöle, in einer Schale in Wasser gelöst, verströmen einen angenehmen Geruch im Raum und können unsere Stimmung verändern.
Wichtig: Zu bedenken ist, dass Duftöle in Einzelfällen auch allergische Reaktionen auslösen können. Verwenden Sie daher nur „naturreine" Öle anstelle von chemisch erzeugten. Bei Kindern mit Allergien sollten Sie besser keine Duftöle oder nur nach vorheriger Rücksprache mit den Eltern einsetzen.

Wirkungsbeispiele:

- *Aktivierend:*
  Fichtennadeln, Rosmarin, Thymian, Muskatnuss, Citronella
- *Beruhigend:*
  Lavendel, Melisse, Mandarine (mögen vor allem auch die Kinder!) Kamille, Ylang-Ylang, Basilikum
- *Desinfizierend:*
  Teebaum, Eukalyptus, Nelke, Lavendel, Salbei

- *Immunstärkend:*
  Eukalyptus (während der Erkältungszeiten besonders hilfreich), Lavendel, Teebaum, Geranium, Bergamotte
- *Stimmungsaufhellend:*
  Rose, Rosenholz, Geranium Bergamotte, Lemongras, Neroli
- *Konzentrationsfördernd:*
  Lemongras, Rosmarin, Pfefferminze, Eukalyptus, Cajeput

Experimentieren Sie einfach mit verschiedenen Düften ganz nach Ihrer Tageslaune.

Kiefernnadelbad

Bei Verspannungen hat sich ein Kiefernnadelbad bewährt. Es gibt fertige Badezusätze, wenn Sie die Kiefernnadeln auch noch selbst sammeln, wird Ihnen der Ausflug in die Natur zusätzlich gut tun.

Geben Sie zwei Hand voll gründlich gewaschene und gehackte Kiefernnadeln in ein Stoffsäckchen und binden Sie es zu. Das Säckchen wird in die Wanne gelegt, die man mit heißem Wasser befüllt, bis der Boden bedeckt ist. Ist das Wasser nach einiger Zeit bräunlich geworden, füllen Sie die Wanne ganz auf und nehmen das Säckchen heraus. Das Bad sollte nicht länger als 15 Minuten dauern.

Rosmarintee

Rosmarintee ist ein echter Muntermacher, der den Kreislauf anregt. Daher kann man ihn morgens und tagsüber trinken, jedoch besser nicht am Abend. Gießen Sie einen Teelöffel Rosmarinkraut (frischer Zweig gewaschen und zerkleinert oder getrocknet) in einer Tasse mit kochendem Wasser auf und lassen Sie ihn fünf bis zehn Minuten ziehen, dann abseihen.

Die Kraft der Farben

Farben wirken über unsere Augen auf unser Gehirn und Nervensystem. Doch je nach Kulturkreis verbinden Menschen mit den Farben auch durchaus unterschiedliche Gefühle und Stimmungen. In unserer Kultur beispielsweise assoziiert man Weiß mit Hochzeit (Brautkleid), in Japan dagegen ist Weiß die Farbe der Trauer. Neben dem kulturellen Hintergrund bestimmen auch unsere ganz persönlichen Erfahrungen, welche Gefühle wir mit einer Farbe verbinden.

Die Wirkung von Farben:

- Mit Grün assoziieren die meisten Menschen: Frühling, Natur, Wachstum und Hoffnung.
- Blau scheint uns zu beruhigen und unser Nervensystem zu entspannen.
- Gelb steht für Wachheit und Kreativität.
- Orange ist die Farbe für Freude und ein Kraftspender nach Erschöpfung.
- Rot wird eine wärmende und belebende Wirkung zugeschrieben.

Intuitive Farbwahl bei der Garderobe

Phasenweise haben viele Menschen eine aktuelle „Lieblingskleiderfarbe“. Lassen Sie sich bei der Auswahl Ihrer täglichen Garderobe von Ihrem Bauchgefühl leiten und geben Sie Ihrer eigenen Vorliebe den Vorzug gegenüber den Vorgaben aktueller Modeströmungen. Ihre Lieblingsfarbe kann Sie wie ein „Schutzmantel“ umhüllen und Sie gehen mit einem stärkeren Wohlfühlgefühl durch den ganzen Tag. Farben wirken über unsere Kleidung auf uns selbst und auch auf unser Gegenüber. Gerade vor wichtigen Gesprächen kann dieses intuitive Wissen durchaus hilfreich sein. Spüren Sie deshalb in sich selbst hinein und fragen Sie sich: Welche Farbe tut mir heute gut? Während an manchen Tagen ein roter Pullover genau richtig sein kann, passt er an einem anderen Tag wiederum gar nicht zu Ihrer Grundstimmung. Lassen Sie sich daher jeden Tag neu von Ihrer Intuition leiten.

Farben für die Raumgestaltung

Das Wissen um die besondere Wirkung von Farben können Sie auch ganz gezielt in Ihrer täglichen Arbeit mit den Kindern einsetzen. Grün-Töne, beispielsweise als Wandfarbe im Brotzeitbereich oder auch für Servietten oder Tischdecken, können dazu beitragen, eine ruhige Atmosphäre beim gemeinsamen Essen zu schaffen.

Setzen Sie ein Farbsymbol

Holen Sie Ihre aktuelle Lieblingsfarbe in Ihren Berufsalltag. Kaufen Sie sich Ablagekästen für den Schreibtisch in dieser Farbe oder verwenden Sie entsprechend farbige Ordner für Ihre Ablage.

Aus farbigem Karton können Sie sich ein ganz einfaches Farbsymbol zurechtschneiden, z. B. einen Kreis oder ein großes X, das Sie dann gut sichtbar an die

Pinnwand über ihrem Schreibtisch heften können. Je nach Tagesstimmung lässt sich das Farbsymbol auch beliebig wechseln. Schauen Sie während des Tages immer wieder einmal bewusst dorthin, lassen Sie die Augen darauf ruhen und die gewählte Farbe auf sich wirken.

Energie- oder Farbdusche

Wenn Sie sich nach einem schwierigen Gespräch leer oder aufgewühlt fühlen, nehmen Sie sich einige Minuten Zeit, um in Ihrer Vorstellung zu duschen und damit Spannungen loszulassen. Stellen Sie sich vor, dass Sie unter einer Dusche stehen. Sie stellen das Wasser an und haben eine gut duftende farbige Seife oder ein Duschgel in der Hand. Sie spüren die wohltuende Wirkung des Wassers und der Seife und atmen bewusst und langsam ein und aus, während das Wasser an Ihrem Körper entlangrinnt und alle Anspannung mit ihm von Ihnen abfließt.
Variation: Die Wirkung der Energiedusche lässt sich intensivieren, wenn Sie sich vorstellen, dass aus dem Duschkopf farbiges Wasser fließt. Wählen Sie eine Farbe, die Ihnen gerade zusagt. Sonnige Töne wie Gelb und Orange fördern eine positive Stimmung und beleben den ganzen Körper.

Draußen und drinnen entspannen

Sich bewegen und Sauerstoff tanken

Schon ein kurzer Spaziergang an der frischen Luft und die damit verbundene Sauerstoffzufuhr belebt, hilft aufgewühlte Gefühle zu beruhigen und Klarheit in die Gedanken zu bringen. Ein längerer Waldspaziergang, bei dem wir ganz bewusst alle Sinne öff-

> Ich habe keine Zeit,
> mich zu beeilen.
> *Igor Strawinsky*

nen, um das Vogelzwitschern, Wasserplätschern, das Grün der Bäume und den Duft von frisch geschnittenem Gras zu genießen, entspannt unser Nervensystem und ist ein wahrer Stresskiller.

Einfache und „naturnahe" Raumgestaltung

Beziehen Sie die regenerierenden Möglichkeiten der Natur so gut es geht auch in die Gruppenräume und Beschäftigungsangebote mit ein. Dies wirkt präventiv stärkend und zugleich entspannend auf die Gemütslage der von Ihnen betreuten Kinder.

- Setzen Sie bei der Gestaltung der Gruppenräume soweit als möglich natürliche Materialien ein, z. B. Möbel aus Holz.
- Verzichten Sie in den Innenräumen auf ein Zuviel an Ausstattung, beschränken Sie sich auf Notwendiges, sortieren Sie Unnötiges aus oder vereinfachen Sie die Raumstruktur insgesamt. Das schenkt Ihnen selbst und auch den Kindern mehr Raum zum Spielen, Forschen und Kreativsein.
- Setzen Sie gezielt Grünpflanzen ein (Achtung Giftpflanzen!) und verwenden Sie möglichst naturfarbene Tonübertöpfe anstelle von grellbunten Plastiktöpfen.

Kreativität und entspannen

Erforschen Sie Ihre eigenen kreativen Fähigkeiten! Denn etwas selbst zu gestalten, macht nicht nur Spaß, sondern stärkt auch die Konzentrationsfähigkeit und wirkt entspannend. So manche Sorge kann dabei losgelassen werden. Kreatives Schaffen legt immer wieder über das gegenwärtige Tun hinaus schöpferische Kräfte frei, die helfen können, auch eingefahrene Denk- und Handlungsmuster zu hinterfragen und sie gegebenenfalls zu verändern. Wenn etwas langweilig wird, dann manchmal auch deshalb, weil wir uns schon so sehr daran gewöhnt haben und nicht mehr aufmerksam genug hinsehen. Kreativität schenkt unserem Leben mehr Freude und Lebendigkeit.

Die Farbigkeit des Leben wieder neu entdecken können wir, wenn wir uns von dem Anspruch freimachen, immer etwas „Nützliches“ tun zu müssen. Zweckfreies Erleben, einfach nur Spaß zu haben oder „Müßiggang“ hilft, verbrauchte Kraftreserven aufzufüllen. Besuchen Sie z. B. einen Malkurs, probieren Sie neue Kochrezepte aus, schlendern Sie durch die Straßen Ihrer Stadt und lassen Sie sich dabei vom Leben neu inspirieren. Wechseln Sie eine alte Gewohnheit oder ändern Sie einfach den Weg zu Ihrer Arbeitsstelle. Sie verändern damit auch die Perspektive, mit der Sie das Leben normalerweise betrachten. Seien Sie kreativ und bleiben Sie neugierig!

Finde dich,
sei dir selber treu,
lerne dich verstehen,
folge deiner Stimme,
nur so kannst du das Höchste erreichen.
Du kannst nur dir treu sein in der Liebe,
was du schön findest, das musst du lieben,
oder du bist dir untreu.

Bettina von Arnim

Gute-Laune-Rezepte und Naturheilmittel

Erste Hilfe bei Spannungskopfschmerzen

- Trinken Sie einen Espresso gemischt mit dem Saft einer ungespritzten Zitrone. Diese Kombination schmeckt zwar nicht besonders lecker, doch sie hat eine ähnliche Wirkung wie Aspirin.

- Oder ziehen Sie Ihre Schuhe aus und drücken Sie nun gleichzeitig mit Daumen und Zeigefinger der rechten Hand (wie eine Zange) den linken großen Zeh (Zehennagel und Zehenballen). Halten Sie den leichten Druck einige Minuten und wechseln Sie anschließend zum anderen Fuß, dann drückt die linke Hand die rechte große Zehe. Atmen Sie dabei ruhig und gleichmäßig. Sollten die Kopfschmerzen über die kommenden Stunden hinaus anhalten, können Sie jemanden aus Ihrer Familie oder eine Freundin darum bitten, beide Großzehen gleichzeitig für Sie auf die oben beschriebene Weise zu drücken (bis ca. 30 Minuten). Wenn Sie dabei gemütlich liegen, ist die entspannende Wirkung erfahrungsgemäß noch größer.

Energieplätzchen (nach Hildegard von Bingen)

Zutaten:
400 g Dinkelfeinmehl
250 g Butter
2 Eier
150 g Rohrzucker oder Honig
1 Prise Salz
10 g Muskatnusspulver

20 g Zimt
10 g Nelkenpulver
200 g gemahlene Mandeln
etwas Wasser

Alle Zutaten rasch (damit die Butter nicht zu warm wird) zu einem Mürbeteig verarbeiten, 2 Rollen formen und einige Stunden kalt stellen. Dann Scheiben abschneiden und im vorgeheizten Backofen bei 180 Grad etwa 15 Minuten backen. In einer Blechdose an einem kühlen Ort aufbewahrt, sind diese Plätzchen einige Wochen haltbar und schmecken lange gut.
Wichtig: Energieplätzchen sind eine gute Unterstützung für mehr Nervenstärke. Muskat, Zimt und Nelke sind jedoch starke Gewürze und sollten gezielt eingesetzt werden. Für Kinder sind sie nicht geeignet, Erwachsene sollten nicht mehr als sechs Kekse pro Tag essen.

Heiße Getränke zum Wohlfühlen

Egal ob eine Tasse Kaffe, Tee oder eine heiße Schokolade. Sie alle helfen uns dabei, auch kurze Entspannungszeiten intensiver zu erleben und besser „abzuschalten“. Genießen Sie das Getränk ganz bewusst, indem Sie all Ihre Sinne öffnen für den besonderen Geschmack, den Duft, die Wärme, die Farbe usw.

Eine Tasse heiße Schokolade deckt außerdem den Tagesbedarf an Calcium (sofern Sie nicht gerade eine Laktoseunverträglichkeit haben). Wenn sie auf die Kalorien achten wollen, dann bereiten Sie das Kakaogetränk mit fettarmer Milch zu.

Heißes Ingwerwasser (Ayurvedisches Rezept)

Übergießen Sie am Morgen drei bis vier dünne Scheiben Ingwer mit einem halben Liter kochenden Wassers und lassen Sie es dann etwa fünf Minuten leise köchelnd ziehen. Füllen Sie den abgegossenen Sud anschließend in eine Thermoskanne, so können Sie während des Tages immer wieder eine heiße Tasse davon genießen.

Homöopathische Mittel

Bei vielen Menschen haben sich homöopathische Mittel sehr bewährt und sie machen immer wieder erstaunliche positive Erfahrungen damit. Es gibt nur einige Vorüberlegungen, die bei der Anwendung wichtig sind:

- Setzen Sie homöopathische Mittel, so wie jedes Medikament, erst nach einer fachkundigen Beratung durch einen Arzt, Heilpraktiker oder Apotheker ein.
- Verzichten Sie während der Einnahme auf die Verwendung starker ätherischer Öle (z. B. Menthol in Zahnpasta), da diese Substanzen die Wirksamkeit herabsetzen, ebenso schränkt auch Kaffee die Wirkung ein.

Heiße 7

Das Schüssler Salz Nr. 7 wirkt dämpfend auf die Nervenimpulsübertragung und mildert die Erregbarkeit der vegetativen Zentren. Es fördert körperliche und geistige Ruhe und Entspannung und hilft vor allem dabei, verspannte Muskulatur wieder zu lockern. Abends hilft es abzuschalten, unterbricht Gedankenkarusselle und erleichtert so das Einschlafen. Am Morgen wirkt es erfrischend und aufheiternd, es ist eine gute Unterstützung bei Morgenmuffeligkeit.

Zur besonders intensiven Anwendung kann das Schüsslersalz Nr. 7 (Magnesium phosphoricum) als so genannte „Heiße 7“ zubereitet werden. Diese Art der Anwendung in heißem Wasser wirkt besonders schnell und intensiv.

Zubereitung: 10 Tabletten des Schüssler-Salzes Nr. 7 werden in eine Tasse gegeben und mit heißem Wasser übergossen. Innerhalb weniger Minuten lösen sich die Tabletten auf (zum Umrühren keinen Metalllöffel verwenden). Das Wasser anschließend in kleinen Schlucken trinken.

Bachblüten

Auch Essenzen aus Bachblüten können eine wertvolle Unterstützung für körperliche Probleme oder seelische Nöte bieten. Meist werden je nach aktuellem Thema mehrere Blütenessenzen miteinander in einem Fläschchen gemischt und dann mehrfach über den Tag verteilt eingenommen. Das Mittel wird nach einem Beratungsgespräch für Sie individuell in der Apotheke zusammengestellt und gezielt auf Ihre persönlichen Bedürfnisse abgestimmt.

Vitamine & Co

Wie wohl und gesund wir uns fühlen, hat viel mit unserer Ernährung zu tun. Im Laufe der Jahre haben sich meist bestimmte Vorlieben und Essgewohnheiten eingespielt, doch gerade in Stresszeiten macht es durchaus Sinn, das Gewohnte auf den Prüfstand zu stellen. Denn bestimmte Lebensmittel unterstützen es mit ihrem Mineralstoff- und Vitamingehalt, dass wir trotz Stress und Druck leistungsfähiger bleiben. Zu diesen Lebensmitteln gehören beispielsweise Kartoffeln, Hülsenfrüchte, frisches Gemüse und Obst, Kräuter, Nüsse, eiweißreiche Nahrungsmittel und Vollkornprodukte. Neben biologisch erzeugten Produkten sind es vor allem regional hergestellte und verbreitete Lebensmittel, die nährstoffreicher und deshalb gesünder sein sollen.

Stressfreie Kommunikation im Team und mit den Eltern

Teamgeist und Kollegialität geben jeder Mitarbeiterin in der Kita einen starken Rückhalt und sind somit eine wichtige Basis für die tägliche Arbeit. Herrscht in der Einrichtung ein positives Betriebsklima und kann man auf die gegenseitige Unterstützung der KollegInnen bauen, stärkt das den freundschaftlichen Zusammenhalt aller Teammitglieder untereinander. Wenn jedoch die einzelnen Teammitglieder unterschiedliche Ziele und Wertvorstellungen verfolgen, ist dies für alle ein hoher Stressfaktor. Vermisst man dann auch noch die Wertschätzung und Anerkennung für die geleistete Arbeit, gleich ob von Kolleginnen oder von den Eltern, oder kommen gar Kontrolle, unberechtigte Kritik und Rivalität mit hinzu, wird es immer schwerer, als Team an einem Strang zu ziehen und gemeinsame Ziele zu verfolgen. Eine solch unbefriedigende Situation ist belastend und wirkt sich nicht nur auf die Gesundheit der MitarbeiterInnen aus, sondern auch auf die direkte Arbeit mit den Kindern.

Die folgenden Tipps und Kommunikationsregeln helfen, das positive Klima in einer Einrichtung zu erhalten, und sind auch dann eine wertvolle Unterstützung, wenn eine Kollegin im Team akut überlastet ist oder bereits unter chronischer Erschöpfung leidet. Für eine konstruktive Kooperation im Team sind sie ebenso wichtig wie für eine gute Zusammenarbeit mit den Eltern.

Bausteine für eine gute Kommunikation

Miteinander zu sprechen ist leicht, solange alle einer Meinung sind. Schwierig wird es erst, wenn unterschiedliche Ziele oder Meinungen im Raum stehen. Dann kommt es nicht nur auf den richtigen Zeitpunkt oder den richtigen Ton im Gespräch an, sondern auch darauf, sich mit dem Gegenüber ruhig, respektvoll und konstruktiv auszutauschen.

Ich-Botschaften senden

> Das Prinzip des Respekts gegenüber den Mitmenschen basiert darauf, dass man den anderen gegenüber keinerlei Absichten hegt, nicht mit ihnen konkurrieren möchte und nicht darauf aus ist, Eindruck zu schinden.
>
> *Meister Okakura Kakuzo*

Damit zwischen Ihnen und Ihrem Gesprächspartner ein echter Austausch stattfindet und er Sie auch tatsächlich verstehen kann, ist es wichtig, dass Sie Ihre eigenen Empfindungen, Bedürfnisse und Wünsche in Bezug auf das Gesprächsthema offen äußern. Dies gilt für alle Gespräche, gleich ob es sich bei Ihrem Gegenüber um eine Kollegin, um ein Elternteil oder um ein Kind handelt. Setzen Sie also „Ich Botschaften" ein, wie z. B. „Ich freue mich, wenn du mir zuhörst." oder „Ich wünsche mir, dass Sie ..."

Keinesfalls sollten Sie den Gesprächspartner beurteilen, bewerten oder gar abwerten, wie dies bei „Du-Botschaften" leicht geschieht, etwa: „Können Sie nicht einmal pünktlich sein?" oder „Du hast ja schon wieder vergessen ...!" In solchen Äußerungen schwingt oft unterschwellig Kritik mit oder sogar Anschuldigungen, die beim Gegenüber Abwehr auslösen und die Bereitschaft senken, Ihnen weiter zuzuhören, selbst wenn Sie gute Argumente haben sollten.

Richtig zuhören

Aufmerksames Zuhören ist immer ein aktiver Vorgang, der viel Konzentration und Geduld erfordert. Richtig zuhören ist eine wichtige Grundlage für echte Kommunikation.

- Beim **passiven Zuhören** konzentrieren wir uns darauf, was unser Gegenüber sagt, und spiegeln ihm dann das Gehörte, um sicherzugehen, dass wir den anderen richtig verstanden haben. Beispiel: „Sie sind also der Meinung, dass wir mit den Kindern zu wenig auf den Spielplatz gehen?"
- Beim **aktiven Zuhören** geht es nicht nur um die inhaltlichen Aussagen, sondern auch um die Gefühle, die unser Gegenüber zu bewegen scheinen. Wir versuchen zu erkennen, welche Emotionen in der Aussage mitschwingen. Beispiel: „Sie machen sich Sorgen darüber, dass Ihr Kind zu wenig Salat isst?"
- **Aufmerksamkeitsreaktionen** spiegeln dem Gesprächspartner unser Interesse. Durch nonverbale Gesten wie z. B. Nicken, durch Blickkontakt oder durch sprachliche Äußerungen wie ein zustimmendes „Mhmm" oder „Ah ja" zeigen Sie, dass Sie aufmerksam zuhören und weiter an einem Austausch interessiert sind.
- Beim **Paraphrasieren** fasst man das, was man gehört hat (oder glaubt verstanden zu haben) mit eigenen Worten zusammen. Beispiel: „Sie finden, dass wir zuwenig mit den Kindern basteln, habe ich Sie da richtig verstanden?"
- So genannte **Türöffner** sind immer dann hilfreich, wenn Sie spüren, dass etwas Wichtiges ungesagt im Raum steht, wenn Ihr Gegenüber aber nicht von sich aus beginnen will oder kann. Hier hilft beispielsweise die Frage: „Möchtest du mit mir darüber reden"?

Bei schwierigen Gesprächen kommt es darauf an, ein gesundes Mittelmaß zu finden zwischen Zuhören und Sprechen. Sollte Ihr Gegenüber allerdings die ganze Gesprächszeit nur von sich selbst reden, ohne dabei Ihre Fragen zu beantworten oder auf Ihre Äußerungen einzugehen, kann es notwendig sein, dass Sie eine klare Grenze setzen, um die Gesprächsführung nicht zu verlieren.

Kommunikationsregeln einzuhalten, ist die Basis für den Erfolg eines Gesprächs. Die Anwendung von Kommunikationstechniken ist jedoch dann zweifelhaft, wenn diese nicht aufrichtig und respektvoll eingesetzt werden und auf Manipulation ausgerichtet sind.

Entspannte Teamsitzungen

Die wöchentliche Teamsitzung dient dem Austausch über Inhalte, Abläufe und Zielsetzungen. Sie bietet auch die Möglichkeit, eventuelle Unklarheiten oder Missstimmungen anzusprechen. Die folgenden Tipps haben sich bewährt, um Teamsitzungen effizient zu gestalten:

- Die einzelnen Tagesordnungspunkte und Schwerpunktthemen der Teamsitzung sollten allen TeilnehmerInnen schon im Vorfeld bekannt sein, damit sich jeder darauf vorbereiten kann.

- Hilfreich ist es, gleich zu Beginn des Meetings nach aktuellen Themen zu fragen, die zusätzlich im Team besprochen werden sollen.

- Damit tatsächlich jeder die Möglichkeit hat, an die Reihe zu kommen, kann man die individuellen Sprechzeiten während der Sitzung zeitlich begrenzen.

- Zum Abschluss des Treffens sollte man kurz abfragen, ob die Teilnehmer mit den Resultaten des Gesprächs zufrieden sind.

- Längere Meetings nie direkt vor den Essenszeiten ansetzen, denn dann ist der Körper bereits auf „Hunger“ eingestellt. Besser ist es, zuerst gemeinsam im Team etwas Leichtes und Leckeres zu essen (Suppen/Salate etc.), das stärkt das Gemeinschaftsgefühl und gibt Zeit und Raum, sich im KollegInnenkreis auch privat auszutauschen oder sich kennen zu lernen. Schließt sich nach dem Essen noch eine kurze Verdauungspause von 10 bis 15 Minuten an, wird das Meeting entspannter starten und effizienter ablaufen, selbst wenn Probleme anstehen.

- Jede Teamsitzung sollte im Vorfeld zeitlich klar begrenzt sein. Meetings, die länger als zwei Stunden dauern, werden ineffektiv und belasten nur die Nerven der Anwesenden. Lässt es sich gar nicht vermeiden, sind Pausen unverzichtbar, um die Konzentrationsfähigkeit zu erhalten.

- Alle TeilnehmerInnen müssen sich darauf verlassen können, dass vorher definierte Absprachen (z. B. zur Dauer der Sitzung) auch eingehalten werden.

- Eine respektvolle und kollegiale Gesprächs- und Zuhörkultur innerhalb des Team ist wichtig, damit sich jeder Anwesende wohl fühlt – eine Voraussetzung, um sich aktiv einzubringen. Für Problemsituationen, die nicht im Team gelöst werden können, ist es hilfreich, sich rechtzeitig Hilfe von außen zu holen (z. B. Mediatoren). Das ist kein Mangel, sondern zeigt, dass das Team fachlich kompetent ist.

Entspannte Elternarbeit

Vielen Eltern ist es heute wichtig, dass ihr Kind in der Kita möglichst frühzeitig an speziellen Förderangeboten teilnehmen kann. Dahinter steht meist die Angst, dass es andernfalls etwas Wichtiges in seiner Entwicklung verpassen und einen schlechteren Start in die Schule haben könnte. Doch in all den Diskussionen um eine angemessene Förderung in der Kita bleibt der unschätzbare Wert von Spielen, Trödeln, Muße und Zeithaben für die ganzheitlich gesunde Entwicklung und für die Erhaltung der Lernmotivation der Kinder weitgehend unbeachtet. Über die Grundfrage, wie viel Förderung für welche Kinder ab wann richtig ist, ob z. B. ein Computerkurs für die dreijährigen Kindergartenkinder wichtiger sein könnte als regelmäßige Walderlebnistage, dazu gibt es durchaus unterschiedliche Haltungen. Mit den gestiegenen Erwartungen an die Förderung, die teilweise berechtigt sein mögen, steigt unweigerlich auch der Leistungsdruck in der Kita, und das betrifft sowohl die Kinder als auch die MitarbeiterInnen.

Eltern brauchen das Gefühl, in ihrer Sorge ernst genommen zu werden. Das ist ihr gutes Recht. Andererseits benötigen und wünschen sie auch Hintergrundinformationen dazu, was Kinder wirklich benötigen, um sich gesund zu entwickeln. Neben frühen Förderangeboten zählen dazu auch ausreichend lange Spiel- und Entspannungsphasen! Dieses grundlegende

Wissen um eine ausgewogene Balance von Fördern und Fordern in geeigneter Form an die Eltern weiterzugeben, ist eine wichtige Aufgabe der pädagogischen MitarbeiterInnen. Wenn Eltern über das pädagogische Konzept der Einrichtung Bescheid wissen und außerdem regelmäßig über die laufende Arbeit informiert werden, baut dies Missverständnissen und Konflikten vor. Die Bereitschaft, sich auch als Eltern aktiv einzubringen, wächst dann ebenso wie das Vertrauen in die fachliche Kompetenz des pädagogischen Personals, was letztlich den betreuten Kindern zugute kommt.

Gemeinsam mit den Kindern entspannen

Gemeinschaft fördert Entspannung

Das Gefühl, in einer Gemeinschaft angenommen und gut aufgehoben zu sein, beruhigt die Kinder und berührt sie tief und nachhaltig. In der Gemeinschaft ihrer Gruppe lernen sie, dass sie dem Leben und den Menschen vertrauen und gemeinsam Schönes erleben und miteinander Spaß haben können. Auch noch Jahre danach werden sie sich dann an die Erlebnisse im Kindergarten gerne zurückerinnern. Sie sind als positive Erfahrungen und evtl. auch als ein stärkendes Grundmuster für ihr Leben abgespeichert und können später auch in schwierigen Situationen wieder abgerufen werden, wie der Neurobiologe Gerald Hüther bestätigt: „Wenn ich mich in einer bestimmten Situation an angenehme Erfahrungen erinnere, dann beruhigt das die Nerven."

Wie können wir die Kinder unterstützen, sich emotional wohl zu fühlen und so das Gemeinschaftsgefühl in der Gruppe stärken?

- Kleine wiederkehrende Rituale im Tagesverlauf schenken Kindern Sicherheit.
- Der Grundrhythmus im Leben zeichnet sich durch einen Wechsel von Aktions- und Ruhephasen aus. Diese Balance sollte auch in der Tagesplanung mitberücksichtigt werden.
- Jedes Kind muss seine eigenen Bedürfnisse äußern dürfen und sich dabei akzeptiert und respektiert fühlen.
- Die Kinder sollen erleben, dass wir uns Zeit füreinander nehmen, Zeit für Gespräche, für gemeinsame Spiele, zum Forschen, für Fragen, für Konflikte, zum Trösten ...
- Die Kinder brauchen die Gewissheit, Fehler machen zu dürfen und so angenommen zu werden, wie sie sind, mit allen Schwächen und Stärken.
- Die Kinder müssen Gemeinschaft und Vertrauen erleben, um Selbstvertrauen entwickeln zu können.

Entspannung fördert das Lernen

Gleich, ob man vor sich hinträumt, trödelt oder gezielt Übungen zur Entspannung macht – Kinder benötigen ebenso wie wir Erwachsene ausreichend Ruhezeiten, um Kraft zu tanken und wieder zurück in ihre innere Mitte zu kommen. Neu Gelerntes wird in den Ruhe- und Schlafphasen im Gehirn vom Kurzzeitspeicher in das Langzeitgedächtnis übertragen, dort abgespeichert und verankert. Ohne Entspannungsphasen können die Kinder all die vielen neuen Eindrücke und Erfahrungen kaum in verwertbares Wissen umwandeln und alle noch so gut aufbereiteten Lernangebote laufen Gefahr, „wie Wasser im Sand zu versickern".

Hinzu kommt, dass gerade in den Jahren vor der Einschulung die Weichen dafür gestellt werden, wie stressresistent die Kinder später als Erwachsene sind. Auch für Kinder wird Zeit heute immer mehr zur Mangelware. Kindergarten, Englischkurs und häufig eine voll verplante Freizeit – alles muss „unter einen Hut gebracht" werden. Diese Vielzahl von Aktivitäten machen eine sehr straffe Zeitplanung nötig. Einfach mal Spielen oder sich gar zu langweilen, das wirkt heute für viele Erwachsene wie nutzlos vertane Zeit. Doch das täuscht!

Ist das emotionale Gleichgewicht z. B. durch zu viel und zu frühen Leistungsdruck erst einmal

Nur wenn man den Bogen braucht,
spannt man ihn.
Hielte man ihn dauernd gespannt,
so würde er zerbrechen.
Nicht anders ist es mit dem Menschen.
Ist er immer nur ernst und fleißig
und lässt dem Scherz und der Torheit
keinen Raum,
so wird dieser unvermerkt toll,
jener ganz schlaff und müde.
Darum gebe ich diesem so gut Zeit
wie jenem.

Herodot

aus den Fugen geraten, dann sind auch die Gedächtnisleistung, die Lernmotivation, das soziale Verhalten des Kindes und letztlich auch sein Wohlbefinden deutlich beeinträchtigt. Es kommt in Stress! Eine Auszeit hilft ihm dann ebenso wie uns Erwachsenen, wieder in die innere Balance zurückzufinden. Je nach Tagesverfassung und nach Typ brauchen die einen Kinder eher Bewegung und selbst gewählte Aktionen, andere wiederum eher Stille, Ruhe und Rückzug, um sich zu regenerieren. Das Ziel bleibt jedoch immer dasselbe: Abschalten, um wieder aufzutanken!

Entspannungsübungen, die Kindern Spaß machen

Die schlafenden Fische

Alter: ab 3 Jahren
Material: Klangschale, Triangel o. Ä.
Ziele: Das Spiel hilft Kindern, zur Ruhe zu kommen, es stärkt Geduld, Selbstkontrolle, Selbstwahrnehmung und Frustrationstoleranz und macht einfach Spaß!

Durch ein akustisches Signal mit einer Klangschale, Triangel o.Ä. verwandeln sich alle Kinder in Fische, der Boden des Gruppenraumes wird dabei zum Meer oder zum See. Bis der Ton verklungen ist, legen sich alle Kinder auf den Boden, evtl. auf ein Kissen, jeder sucht sich seinen Platz in Sichtweite des Erwachsenen. Auf ein erneutes Signal hin „schlafen" alle „Fische" tief und fest ein und dürfen sich nicht mehr bewegen. Wer sich dennoch bewegt, wird vom Fischer erwischt. „Erlaubte“ Bewegungen sind die Bewegungen hinter den geschlossenen Augenliedern und Atembewegungen. Sollte ein Kind lieber mit offenen Augen spielen wollen, darf es dies selbstverständlich tun.

Derjenige „Fisch“, der es schafft, am längsten bewegungslos und lautlos zu bleiben, ist der Fischprinz/die Fischprinzessin und darf das nächste Spiel anleiten.

Erfahrungsgemäß bringt dieses einfache Spiel erstaunlich viel Ruhe in die Gruppe und es hat sich gezeigt: die Kinder lieben es!

Zum Abschluss kann der Erwachsene nach dem letzten Spiel noch eine kurze Fragerunde anfügen, um die Eigenwahrnehmung der Kinder zu stärken. „Was hat dir dabei besonders Spaß gemacht?“ oder „Gibt es etwas, das schwierig für dich war?“

Alternativ können die Kinder nach dem Spiel ein Fischbild malen und die Bilder nach Fertigstellung gegenseitig in der Runde vorstellen.

August, der Starke (Fantasiereise)

Alter: ab 4 Jahren
Material: Klangschale oder Triangel
Ziele: Das Spiel hilft Kindern, den ganzen Körper zu entspannen, weckt ihre Fantasie und stärkt ihr Zusammengehörigkeitsgefühl.

Alle Kinder liegen in Rückenlage im Raum verteilt jeweils auf einer Decke und in Sichtweite des Erwachsenen. Vorab demonstrieren wir den Kindern den Ton der Klangschale bzw. der Triangel (der „Regenbogenton“), mit dem im Spiel August der Starke wieder aufwacht. Dann lesen oder erzählen wir die kleine Geschichte von August in der Bohnenschote.

August der Starke ist eine klitzekleine grüne Bohne.
Er lebt im Wiesenzirkus Kunterbunt, gleich hinten im Garten von Oma Wittig.
Sein Zuhause ist eine dicke, grüne Bohne (Bohnenschote), die zusammen mit vielen anderen Bohnen an einem Bohnenstrauch im Garten hängt.
Es ist Sommer und August genießt die Wärme der Sonne. Sie kitzelt sein Gesicht, streichelt den Bauch und wärmt ihn bis hinunter zu den Zehenspitzen.
August kuschelt sich gemütlich in sein weiches Bohnenbett.
Ab und zu reckt und streckt er sich und dann, dann schläft er wieder ein.
Und man hört nur noch ein leises „Chhhhhh, Chhhhhhhhh, Chhhhhhhh."
Frau Sonne freut sich sehr darüber und schickt ihm einen Sonnenstrahl nach dem anderen hinunter, so lange, bis August ganz und gar eingehüllt ist in eine Decke aus hellen und goldenen Sonnenstrahlen!
Hmmmmmmmm, das tut gut! Und so schläft und träumt er, bis er den Regenbogenton hört.
Dann streckt und reckt er sich wird groß und stark!

In einer gemütlichen Runde auf dem Boden sitzend können die Kinder im Anschluss daran erzählen, was August der Starke wohl geträumt haben könnte. Oder sie dürfen frei ein Traumbild von August malen.

Eine kleine Schnecke

Die Übung stammt ursprünglich aus der Pädagogischen Kinesiologie. Für die Arbeit mit den Kindern habe ich sie leicht abgeändert und mit einem Spieltext erweitert, so eignet sie sich auch für jüngere Kinder.

Alter: ab 3 Jahren
Ziele: Die Übung stärkt die Konzentration und das Körpergefühl und macht munter und aufnahmefähig.

Der Erwachsene spricht den Text zuerst einmal vor. Beim nächsten Mal kommen die entsprechenden Bewegungen hinzu. Die Kinder dürfen, wenn sie es möchten, die Übung an ihren eigenen Ohren gleich ausprobieren. Danach sprechen alle gemeinsam den kurzen Spielvers und „bearbeiten“ dabei ihre Ohren.

Eine kleine Schnecke sitzt unter der Hecke,	*Mit Zeigefinger und Daumen den Ohransatz oben greifen und sanft hin- und herbewegen.*
streckt frech ihre Fühler aus,	*Mit beiden Fingern von innen nach außen zum oberen Ohrrand hin einmal ausstreichen.*
tip – tap – tip -tap – tip –	*Bei jeder Silbe mit beiden Fingern das Ohr von innen nach außen ausstreichen und dabei bis zu den Ohrläppchen runterwandern.*
und wandert in den Garten raus.	*Die Ohrläppchen zwischen den Fingern (Zangengriff) halten und sie gleichzeitig sanft kreisen lassen.*
Husch, Husch, Husch, Husch, Husch!	*Abschließend die Ohrläppchen schnell vor- und zurückbewegen.*

„Die kleine Schnecke“ hat sich als Startritual in den Tag oder direkt vor einem gezielten Förderangebot bewährt. Wichtig ist, den Text mit ruhiger Stimme und gleichzeitig etwas theatralisch vorzutragen. Den Spielvers kann man einige Male wiederholen, solange die Kinder gerne mitmachen.

Abschließend kann man mit den Kindern noch darüber sprechen, was die kleine Schnecke wohl alles im Garten erlebt. Sie können die Kinder ermuntern nachzuspü-

> Wir sollten lernen,
> mit den Augen des Kindes zu sehen,
> mit den Ohren des Kindes zu hören,
> mit dem Herzen des Kindes zu fühlen.
> *Alfred Adler*

ren, wie sich ihre Ohren nach der Übung anfühlen und ob sie einen Unterschied zu vorher wahrnehmen.

Wenn wir im Anschluss daran mit den Kindern Bilder von der kleinen Schnecke malen, müssen wir bedenken: Bilder sind immer ein Ausdruck des Kindes selbst! Die Art und Weise, wie Kinder malen, sagt viel darüber aus, wie sie sich gerade fühlen und wo sie in ihrer Entwicklung stehen. Daher sollten wir niemals „nachbessern“ lassen, sondern jedes Bild so akzeptieren, wie es ist, und es entsprechend würdigen.

Zum Schluss

Alle hier im Buch veröffentlichten Übungen und Hinweise basieren auf den Erfahrungen, die ich im Laufe von mehr als 25 Berufsjahren als Erzieherin, Dozentin für Tanz, Pädagogik und Kreativität sowie in zahlreichen weiteren Fort- und Weiterbildungen gesammelt habe. Sämtliche Vorschläge wurden von mir in Kursen, Fortbildungen und in Kindergartengruppen auf ihre Praxistauglichkeit hin erprobt. Bei der Anwendung der Übungen und Tipps sollten Sie dennoch stets auf Ihr eigenes Gefühl und auf Ihren Körper hören, da sich jeder Mensch anders entspannt.

Das „Wohlfühltagebuch" habe ich in einer schwierigen Lebensphase als eine Art Selbsthilfestrategie für mich entwickelt und als eine geeignete Methode entdeckt, wieder meine eigene Mitte zu finden und Kraft zu schöpfen. Heute noch begleitet es mich, um mit akuten Stresssituationen besser zurechtzukommen und Veränderungen nachhaltig im Alltag zu verankern. Sollten Sie das Gefühl haben, dass sich bei Ihnen über eine chronische Erschöpfung hinaus Anzeichen eines Burnouts zeigen, möchte ich Ihnen dringend raten, sich mit einem Arzt oder Therapeuten Ihres Vertrauens in Verbindung zu setzen.

Ich wünsche Ihnen viele schöne, humorvolle, glückliche und entspannte Momente in Ihrem (Berufs-)Leben.

Gabriele Irmingard Kubitschek

Literatur und Quellen

Badura, Barbara / Schröder, Helmut /Klose, Joachim / Macco, Katrin (Hrsg.): Fehlzeiten-Report 2009, Schwerpunktthema: Arbeit und Psyche. Belastungen reduzieren – Wohlbefinden fördern. Zahlen, Daten, Analysen aus allen Branchen der Wirtschaft. Hrsg. v Wissenschaftliches Institut der AOK (WIdO), Springer-Verlag, Berlin 2010

Cantieni, Benita: Faceforming, Südwest, München 92003

Hüther, Gerald: Die Bedeutung innerer und äußerer Bilder für die Strukturierung des kindlichen Gehirns (Vortrag beim Kongress „Bildung ist mehr als Lernen"), Stuttgart 2004

Freudenberger, Herbert J. / Richelson, Geraldine: Ausgebrannt. Die Krise der Erfolgreichen. Gefahren erkennen und vermeiden, Kindler, München 1981

Grabhorn, Lynn: Aufwachen. Dein Leben wartet, Goldmann, München 2004

Kaiser, Jürgen und Ulrike: Reflexzonenmassage bei Kindern, Orac Verlag, Wien München/Zürich 1996

Kassner, Dieter: Humor im Unterricht, Bedeutung, Einfluss, Wirkungen. Können schulische Leistungen und berufliche Qualifikationen durch Pädagogischen Humor verbessert werden? Schneider Verlag, Hohengehren 2002

Kreil, Helmut: www.shiatsu-oberton.de

Kunz, Barbara und Kevin, Handreflexzonenmassage, Verlag Dorling Kindersley Verlag, München 2006

Liebertz, Charmaine, Das Schatzbuch des Lachens, Don Bosco, München 2009

Lück-Knobloch, Heike: Aminoplus neurostress und Aminoplus burnout, Kyberg Vital GmbH, Oberhaching 2011

Meeus, Cathy: Shiatsu. Geheime Künste, 2003 Taschen-Verlag, München 2003

Paul Lundberg: Die heilende Kraft des Shiatsu. Mehr Energie, Gesundheit und Wohlbefinden durch die Kunst des Berührens, Mosaik-Verlag, München 1992

Neider, Andreas (Hrsg.): Bildung ist mehr als Lernen, Verlag Freies Geistesleben, Stuttgart 2006

Parks, Tim: Die Kunst stillzusitzen, Antje Kunstmann, München 2010

Rudow, Bernd: Belastungen und Arbeit und Gesundheitsschutz bei Erzieherinnen. Projektbericht des Instituts für Gesundheit und Organisation (IGO) (Kurzfassung), erstellt im Auftrag der Gewerkschaft Erziehung und Wissenschaft, Baden-Württemberg 2003/2004; Mannheim & Mühlhausen/Thür.

Sievers Sakina K. / Loh Nirgon W.: Das Wunder der Wandlung. Eine Reise in die Welt der fünf Elemente, ShenDo-Verlag, Bergisch Gladbach 2009

Silva, Kim da / Rydl, Do-Ri: Energie durch Bewegung. Kinesiologische Übungen für die ganze Familie, Droemer/Knaur, München 2000

von Strehlow, Wighard: Die Ernährungstherapie der Hildegard von Bingen, Rezepte, Kuren und Diäten, Droemer/Knaur, München 2009

Vester, Frederic: Phänomen Stress. Wo liegt sein Ursprung, warum ist er lebenswichtig, wodurch ist er entartet?, Deutscher Taschenbuch Verlag, München 1998

Danke

Ganz herzlich möchte mich für die wertvolle Unterstützung durch die MitarbeiterInnen im Don Bosco Verlag, Hildegard Kunz und Gesa Rensmann, bedanken, die dieses Buch von der Konzeptionsphase bis zur Veröffentlichung begleitet haben. Ebenso bedanke ich mich bei Mele Brink und Margret Russer für die ansprechenden Illustrationen sowie bei meinen Lehrern Rudolf Seitz (Schule der Fantasie), Rudolf Ortner (Malerei) und Kalliroy Ortmann (Tanzpädagogik).

Gabriele Kubitschek

Malerin, Erzieherin, Tanz- und Sprachpädagogin, langjährige Tätigkeit als Pädagogin im Vor- und Grundschulbereich. Seit 2001 arbeitet sie freiberuflich als Autorin, freischaffende Künstlerin und Fortbildungsreferentin für Pädagoginnen. Sie gibt Anti-Stress-Seminare, ist Dozentin für Werken & Gestalten, Praxis- und Methodenlehre und veranstaltet Elternseminare zu den Themen Lernen, Entspannung und Kreativität. Die von ihr gegründete Kinder-Kunst-Werkstatt BIM-BAM-BINI (Spiel-Lernschule) in München bietet KreativProjekte für Kinder von 2 bis 14 Jahren und eine Lernwerkstatt für pädagogische Mitarbeiterinnen (www.bim-bam-bini.de).

Stress lass nach!

34 Karten, durchgehend farbig illustriert, in farbiger Pappbox
EAN 426017951 151 6

Zeitdruck, Lärm, Konkurrenz und sich widersprechende Erwartungen können uns krank an Körper, Geist und Seele machen. Diese fein gestalteten Anti-Stress-Karten erinnern uns liebevoll und Tag für Tag daran, unseren Bedürfnissen und dem eigenen Wohlbefinden die nötige Aufmerksamkeit zu schenken. Spielerische Übungen lassen uns Stressfaktoren wahrnehmen oder helfen uns, zu entspannen.

www.donbosco-medien.de

Gute Gespräche leicht gemacht!

120 Seiten,
farbige Illustrationen
ISBN 978-3-7698-2020-1

In der Kommunikation bevorzugt jeder Mensch unterschiedliche Sinneskanäle. Der eine ist ein visueller Kommunikationstyp, der andere ein auditiver, der dritte ein kinästhetischer. Wenn Ihre Botschaften die Wellenlänge Ihres Gegenübers treffen, gelingt ein offener Austausch und Sie vermitteln Kompetenz und Klarheit. Ein Aufmerkbuch mit zahlreichen amüsanten Übungen für eine bessere Kommunikation mit Kindern, Eltern und Kollegen.

DON BOSCO

LEBENDIG. KREATIV. PRAXISNAH.

Ganzheitliche Pädagogik

200 Seiten, farbige Illustrationen
ISBN 978-3-7698-1446-0

200 Seiten, farbige Illustrationen
ISBN 978-3-7698-2024-9

264 Seiten, S/W-Abbildungen
ISBN 978-3-7698-1342-5

232 Seiten, S/W-Fotos
ISBN 978-3-7698-1792-8

www.donbosco-medien.de

DON BOSCO

LEBENDIG. KREATIV. PRAXISNAH.